AI와 국방행정법

AI문고

인공지능 시대입니다. 기계가 인간의 인지를 대신하고, 사물이 인간을 통하지 않고 다른 사물과 직접 커뮤니케이션합니다. 이에 따른 인간 삶과 문명 변화를 정확히 이해 · 예측 · 대응하는 것은 이 시대 우리 모두의 과제입니다. AI문고는 인공지능 기술과 환경의 여러 주제를 10가지 키워드로 정리합니다. 관련 개념과 이론, 학계와 산업계의 쟁점, 우리 일상의 변화를 다룹니다. 인간과 기술의 현재, 미래를 세심히 분석합니다.

일러두기

- 인명, 작품명, 저서명, 개념어 등은 한글과 함께 괄호 안에 해당 국가의 원어를 병기했습니다.
- 외래어 표기는 현행 어문규정의 외래어표기법을 따랐습니다.

처음이세요?

전문가세요?

AI와 국방행정법

김권일

대한민국, 서울, 커뮤니케이션북스, 2025

AI와 국방행정법

지은이 김권일
펴낸이 박영률

초판 1쇄 펴낸날 2025년 11월 7일

커뮤니케이션북스(주)
출판 등록 2007년 8월 17일 제313-2007-000166호
02880 서울시 성북구 성북로 5-11
전화(02) 7474 001, 팩스(02) 736 5047
commbooks@commbooks.com
www.commbooks.com

ISBN 979-11-430-0864-0 03500

책값은 뒤표지에 표시되어 있습니다.

차례

AI 시대, 국방행정법

국가 법체계의 주요한 부문인 국방행정법

국방은 대한민국의 행정 영역에서 많은 인력과 많은 예산을 쓰는 부문 중에 하나다. 실제로 정부 예산의 가장 큰 비중을 차지하는 부문은 복지이지만, 인력과 장비 등을 모두 고려하면 국방이 이에 못지않다고 할 수 있다. 우리나라 국방 예산은 매년 50조 원을 상회하며, 이는 정부 총지출의 상당 부분을 차지하고 있다. 또한 현역 군인 50만 명과 예비군, 그리고 국방 관련 공무원과 민간인까지 포함하면 국방 분야와 직간접적으로 연관된 인력 규모는 수백만 명에 달한다.

그런데 국방의 중요성에도 불구하고 행정법 측면에서 국방 분야에 대한 관심은 높지 않다. 1950년대부터 2000년대 초반까지만 하더라도 행정법 교과서에 각론(各論) 분야 중 하나로 군정법 또는 군사행정법이 포함되어 있었지만 점점 사라지기 시작하여 최근에는 극소수의 행정법 교과서나 군사법 교과서에서만 찾아볼 수 있다. 이러한 현상은 국방 분야의 특수성과 폐쇄성, 그리고 일반

행정법학자들의 국방 분야에 대한 접근 제약 등이 복합적으로 작용한 결과로 보인다. 독립된 국방행정법 교과서도 2008년 육군사관학교 이상철 교수의《국방행정법원론》이 마지막이며, 그 이후 이 분야의 체계적인 연구서는 거의 찾아보기 어려운 실정이다.

우리와 같은 한자 문화권인 중국과 일본의 경우, 중국에서는 '군사행정법', 일본에서는 '방위법'이라는 상이한 용어를 사용하고 있지만 교과서를 비롯해 이 분야의 도서가 지속적으로 출간되고 있다. 중국은 군사법이 하나의 법학 전공 분야로 독립되어 있을 만큼 군사행정법을 포함한 군사법 연구를 활발히 진행하고 있다. 반면에 일본은 군대도 없고, 2차 세계대전 이후 국방이나 군사라는 표현이 제한받아 국방 부문의 행정기관 명칭도 방위성으로 하고 있다. 이에 따라 해당 부문의 법도 방위법으로 일컫는 것으로 보인다. 일본의 경우, 자위대에 관한 법적 쟁점을 넘어 경제 안전 보장이나 새로운 안전 보장 영역에 대한 방위법 관련 연구와 논의가 지속되고 있는 상황이다.

우리나라에서는 중국과 같이 군사행정법이라는 표현이 널리 사용되고 있지만, 이 분야를 꾸준히 연구한 이상철 교수가 사용한 국방행정법 개념에 동의하면서 이 책에서도 해당 용어를 사용하기로 한다(이분도 과거에는 '군사행정법'을 사용하였지만 국방행정법을 제목으로 채택해 교과서를 집필하였다). 존경하는 선배 연구자의 표현을 무턱대고 따르는 것이 아니라, 국방행정법의 범위는 법에서 각 군으로 표현되는 군사의 범위를 넘어서 국방부나 방위사업청 등 중앙 행정기관까지 포괄하고 있기에 군사보다 국방이라는 용어를 채택하였다. 또한 국방행정법은 단순히 군 조직 내부의 법적 관계만을 규율하는 것이 아니라, 국가 전체의 방위 체계와 관련된 광범위한 행정 영역을 다루고 있기 때문에 국방이라는 포괄적 개념이 더 적합하다고 판단했다.

통상 행정법은 행정에 관한 조직과 작용 그리고 구제에 관한 사항을 규정한다. 국방행정법은 50만 국군과 군무원, 관련 공무원 등의 조직과 신분, 그리고 그들의 집행을 규율하는 법인 동시에 그보다 더 많은 수의 국방 의무자를 규율하는 규범이기도 하다. 여기서 국방 의무자란 병역 의무자인 입영 대상자나, 현역으로 의무를 이행하는 자, 예비군, 그리고 각종 국방 동원 대상자뿐만 아니라 국방 행정에 협조 내지 수인(受忍)을 하는 일반 국민까지를 포함하는 광범위한 개념이다. 나아가 국방 분야는 국방 의무를 넘어서 무기 체계의 연구 개발과 구매,

시설 운용, 의료 등 일반 사회의 축소판이라 할 수 있는 또 다른 사회 체계를 구성하고 있으며, 이를 규율하는 법 영역이 바로 국방행정법이다. 실제로 국방 분야는 자체적인 교육기관, 의료 기관, 복지시설, 문화시설 등을 갖추고 있으며, 독자적인 사법 체계인 군사법원까지 운영하고 있어 하나의 완결된 사회 시스템을 형성하고 있다.

AI 시대, 국방행정법

AI 기술로 인하여 국방행정법 분야에도 다양한 문제가 제기되고 있다. 국방 분야는 항상 최신 기술과 함께해 왔다. 활과 화약을 비롯하여 핵무기같이 인류 역사상 혁신적인 기술은 대부분 군사적 목적으로 개발되었다. 당대 최신 기술이 무기에 반영되기 시작하면 국방 분야는 이를 가장 먼저 도입하여 싸우는 데 활용하면서 발전해 왔다. 인터넷의 전신인 아파넷(ARPAnet)도 미 국방부의 연구 프로젝트에서 시작되었고, GPS 시스템 역시 군사적 목적으로 개발되어 나중에 민간으로 확산된 대표적인 사례다. AI 기술도 마찬가지다. 위험성을 우려하는 목소리도 많지만, 국방 분야에 대한 AI 기술 적용은 이제는 거부할 수 없는 흐름이다. AI를 활용한 무기 체계와 더불어 미국의 팔란티어(Palantir Technologies)처럼 군사작전 수립에 사용하는 AI 기술의 중요성이 부상하고 있다. 특히 주변국들이 AI 기술을 군사 분야에 적극 도입하고 있는 상황에서 우리나라만 이를 외면할 수는 없는 현실이다.

우리나라는 2024년 서울에서 "군사 분야에서 인공지능의 책임 있는 활용을 논의하는 국제회의(Responsible Artificial Intelligence in the Military domain, REAIM)"를 주최하는 등 적극적인 행보를 보이고 있다. 이 회의에는 전 세계 90여 개국의 국방 관계자와 전문가들이 참석하여 AI의 군사적 활용에 대한 국제적 규범과 원칙을 논의하였다.

정부가 달라져도 AI 기술을 통한 강군 육성에 대한 방향성은 동일하다. 윤석열 정부는 AI 과학기술 강군, 이재명 정부는 스마트 강군 육성이라는 기치를 걸고 AI 기술을 통한 강군 육성에 관심을 기울이고 있다. 이는 단순한 정책적 구호가 아니라 국방 예산 배분과 연구 개발 방향에도 실질적으로 반영되고 있다.

AI 기술의 도입은 국방행정법 분야에도 영향을 미치고 있다. 전통적인 국방행정법의 개념과 제도가 AI 기술의 발전 속도를 따라가지 못하면서 새로운 제도나 법체계를 요구하고 있다. 이러한 상황은 비단 우리나라만의 문제가 아니라 전 세계적인 현상이기도 하다. 나라마다 방향성에 차이는 있지만 AI 기술의 군사적 활용에 따른 법적 문제 등을 해결하기 위한 노력이 계속되고 있다.

이 책에서 이러한 논의 중 일부를 다루어 보고자 한다.

먼저 군인의 법적 개념과 범위를 살펴보고, AI 등장으로 인하여 군인을 둘러싼 법률에 어떠한 변화가 있을지 검토한다. 국군조직법, 군인의 지위 및 복무에 관한 기본법, 군인사법 등을 중심으로 분석한다.

다음으로 제2장에서는 AI가 내린 명령의 법적 효력과 지휘관 책임의 범위를 검토한다. 군대의 명령이 갖는 법적 의미와 AI 시대의 변화 가능성을 군인의 지위 및 복무에 관한 기본법을 바탕으로 분석한다.

제3장에서는 견마 로봇을 다룬다. 과거 인간 병사의 역할을 보조하던 군견(軍犬)과 군마(軍馬)에서 AI 기술을 탑재한 '견마 로봇'이 등장하고 있다. 견마 로봇과 군견은 본질적으로 다르지만, 현행법상 동일한 법적 지위인 '물건'이자 '군수품'으로 분류된다. 군견과 AI 견마 로봇의 법적 성질과 이들이 민간에 피해를 주었을 경우의 국가 책임을 살펴본다.

제4장에서는 군사훈련을 다룬다. 전투기 소리와 포격 소리 등 군사시설 주변 주민에게 피해를 주던 문제를 살

펴보고, AI를 활용한 군사훈련이 이러한 피해를 줄일 수 있는지 검토한다. 군소음보상법 등을 통해 AI 군사훈련으로 인한 법체계 변화와 관련 쟁점을 분석한다.

제5장에서는 AI와 군사기지 문제를 다룬다. 군사기지 · 군사시설의 법적 정의와 판례상 범위를 확인하고, 'AI 자율 경계 체계'가 군사시설에 해당할 수 있는지 검토한다. 'AI 자율 경계 체계'의 민간인 피해 발생 시 국가배상 등의 쟁점을 살펴본다.

제6장에서는 AI와 연구 개발을 다룬다. 방위사업법, 국방과학기술혁신촉진법 등 현행 국방 연구 개발의 법제도 현황과 AI 국방 연구 개발의 특수성을 분석하여, AI 기술의 독특한 특성을 반영한 연구 개발 체계의 구축 방안을 살펴본다.

제7장에서는 사이버 안보를 다룬다. AI 기술의 국방분야 도입이 가속화되면서 전통적인 군사기밀 보호 체계가 새로운 도전에 직면하고 있다. AI 서비스 사용으로 인한 의도치 않은 기밀 유출, AI 알고리즘에 대한 사이버 공격, AI 보조 결정의 법적 책임 소재 등 새로운 보안 위협에 따른 현행 법체계의 한계와 AI 시대 사이버 안보를 위한 법적 과제를 살펴본다.

제8장에서는 전시 동원 문제를 다룬다. 과거 국가와

무기 공장이 전시에 협력했다면, 이제는 플랫폼 기업과 AI 기업이 전시 국가를 위한 역할을 해야 할 시기다. 전시 상황에서 AI 기업과 군의 협력 및 AI 기업 동원에 관한 법적 근거를 동원 관련 법제를 통해 검토한다.

제9장에서는 군사 의료를 다룬다. 군은 독자적인 체계를 가진 또 하나의 사회로서 자체적인 의료 시스템과 법체계를 갖추고 있다. AI 기술 발전으로 민간 의료 분야에 큰 변화가 일어나는 가운데, 군에서도 AI를 활용한 의료 혁신의 가능성이 주목받고 있다. 이를 둘러싼 법적 쟁점을 살펴본다.

마지막으로 한국은 분단 상황과 군사정권 시대를 거치면서 국방의 중요성이 강조되었음에도 불구하고, 역설적으로 국방행정법 체계의 발전은 제약을 받아 왔다. 이는 국방 분야가 민주적 통제와 법적 규율보다는 정치적 · 군사적 논리에 의해 운영되었기 때문이다. 향후 우리나라 국방행정법의 발전 방향을 모색한다.

이 책의 활용법

이 책이 다양한 독자에게 전달되기 바라지만, 가장 기대되는 독자는 군인이다. 특히 병사부터 부사관, 준사관, 장교에 이르기까지 국방행정법에 대한 이해가 필요한 모든 군인들이 이 책을 통해 실무에 도움을 받기를 기대한다.

국군의 존재와 명령의 힘은 권위가 아니라 법에서 나오는 것이다. 대한민국은 법치주의 국가며, 군대 역시 법의 지배하에 있다. 군대가 전시 상황에서 큰 재량을 가질 수 있지만 이 역시 법에 의하여 보장된 것이다. 그럼에도 불구하고 법에 대한 이해도가 높지 않은 것이 현실이다. 많은 군인들이 전통적인 권위주의적 사고에 익숙해져 있어서 명령의 근거가 법에 있다는 사실을 간과하는 경우가 많다. 2024년 비상계엄 사태도 군인들의 법 지식이 부족해서 여러 곳에서 문제가 발생했다는 것을 알 수 있다. 당시 많은 군인들이 계엄의 법적 근거와 한계, 그리고 헌법과 법률에 따른 군의 역할에 대해 정확히 이해하지 못했던 것으로 보인다. 군인이 작전과 개별 기술에도 능해야 하지만 기본적으로 대한민국 헌법과 법령, 구체적으로 국방 공법(公法), 국방행정법에 관한 이해가 필수적이다. 이는 단순히 법 지식의 습득 차원을 넘어서 민주주의 사회의 군인으로서 갖추어야 할 기본 소양이기도 하다.

국방행정법을 본격적으로 공부하고 이해하는 것도 필요하지만, AI라는 최신 주제를 통해 국방행정법의 주요 내용을 한번 살펴보는 것도 의미가 있다고 보았다. 법학 자체가 쉽지 않기에 본격적으로 공부하기에 앞서 AI라는 주제를 통해 국방행정법에 대한 흥미를 갖게 되기를 기대하였다. 군은 과거부터 최신 기술과 함께 발전해 왔으며, 오늘날 AI는 국방 분야에서 핵심 요소가 되었기 (그렇지 않으면 되어야 하기) 때문에 이 두 영역을 함께 다루는 것이 필수적이라고 보았다.

이 책에서는 각 주제별로 일반적인 국방행정법의 주요 법률과 내용, 개념을 소개하려고 하였다. 본문 각 장은 국방 관련 법률을 소개하는 것으로 시작한다. 해당 법 조문을 한번 살펴보고 AI와 해당 규정과의 관계를 살핀 뒤에 해당 주제에 관한 시사점을 밝히는 것이 기본 구조다. 이러한 구성을 통해 독자들이 추상적인 법 이론보다는 구체적인 법조문과 실제 적용 사례를 중심으로 학습할 수 있도록 하였다. 한정된 분량에 국방행정법의 전 분야를 담을 수는 없지만 주요한 법률과 조항을 알아 가는 것만으로 도움이 될 수 있다고 보았다. 특히 군인들이 실무에서 자주 접하게 되는 법령들을 우선적으로 다루려고 노력하였다.

일반적인 법적 개념이나 내용을 확인한 뒤에는 관련된 AI 주제를 살펴보는 구조로 구성했다. 몇 가지 주제는 이미 논문으로 발표한 것을 알기 쉽게 정리한 것이고, 일부는 새로운 주제에 대한 쟁점을 제기하는 부분도 있다. 이 책에서 답을 구하기보다는 앞으로 해당 주제에 관심을 갖고 연구할 수 있도록 하는 데 중점을 두었다. 따라서 일부 내용은 참고문헌을 통해 구체적인 지식을 쌓길 바라고, 일부 주제는 독자가 향후 더 발전시켜 나가길 기대한다. 이는 이 분야가 아직 충분히 연구되지 않은 영역이어서 그렇지만, 동시에 현장에서 근무하는 군인들의 경험과 통찰이 학문적 연구에 중요한 기여를 할 수 있다고 생각하기 때문이다.

법률은 계속 변화한다. 여기에서 소개한 조문들도 시간이 지나면 개정될 수 있기에 꼭 다시 한번 직접 찾아보기 바란다. 특히 AI 관련 법제는 기술 발전 속도에 따라 매우 빠르게 변화하고 있어서 더욱 주의가 필요하다. 우리나라는 다른 나라에 비하여 법령 정보를 정확하고 손쉽게 얻을 수 있다. 인터넷으로 법제처의 국가법령정보센터를 이용하면 현행 법령 등을 확인할 수 있다. 또한 대법원 종합법률정보시스템을 통해서는 관련 판례도 검색할 수 있어 법령의 해석과 적용에 대한 구체적인 사례를 참고할 수 있다.

모쪼록 이 책을 통해 AI 기술과 국방행정법에 대해 흥미와 관심을 갖기를 기대한다. 그리고 이러한 관심이 단순한 호기심에 그치지 않고, 우리 군의 법적 역량 강화와 민주적 통제 체계 확립에 기여할 수 있기를 바란다. 무엇보다 이 책을 읽는 모든 군인이 법치주의를 내재화한 진정한 국군의 지휘관이자 구성원으로 성장하기를 기대한다.

참고문헌

이상철(2008). 《국방행정법원론》. 봉명.

01
AI와 군인

군인의 법적 개념과 범위가 어디까지인지 설명하고, AI 등장으로 인하여 군인을 둘러싼 법률에 어떠한 변화가 있을지 살펴보고자 한다. 여기에서는 다루는 법률은 국군조직법, 군인의 지위 및 복무에 관한 기본법, 군인사법 등이다.

기후 위기와 인공지능?

군인의 법적 정의

법은 군인을 어떻게 정의하고 있을까. 먼저 국군조직법은 "군인이란 전시와 평시를 막론하고 군에 복무하는 사람"이라고 정의하면서 군인의 인사, 병역 복무 및 신분에 관한 사항은 따로 법률로 정하도록 하고 있다(국군조직법 제4조). 그런데 다른 법률에서 군인을 각기 달리 정의하는 경우가 있다. 해당 법률의 정의 조항에서 군인을 정의하기도 하고, 법률 적용 대상을 논할 때 군인의 범위를 규정하기도 한다.

군인에 관한 주요한 법률인 군인의 지위 및 복무에 관한 기본법, 군인사법이 군인을 규정하고 있다. 먼저, 군인의 지위 및 복무에 관한 기본법은 군인을 "현역에 복무하는 장교준사관 · 부사관 및 병(兵)을 말한다"고 규정하고 있는 반면에(제2조 제1호), 군인사법은 군인의 정의 규정을 별도로 두지 아니하고, 이 법률의 적용 범위에 ① 현역에 복무하는 장교, 준사관, 부사관 및 병, ② 사관생도, 사관후보생, 준사관후보생 및 부사관후보생, ③ 소집되어 군에 복무하는 예비역 및 보충역을 규정하고 있다(군인사법 제2조). 나아가 군형법은 "이 법률에 규정된 죄를 범한 대한민국 군인"에게 적용한다고 하고, 여기서 군인이란 "현역에 복무하는 장교, 준사관, 부사관 및 병을 말한다"고 규정하고 있다(군형법 제1조). 그 외의 군인 관련 법률에서도 군인의 정의나 해당 법률의 범위는 일치하지 않는다.

학설은 군인 개념을 범위에 따라 4가지로 구분한다(이광원, 2010; 김재호 외, 2019 등). 먼저 가장 넓은 의미의 군인은 '군에 복무하는 모든 자'다. 여기에는 군무원과 예비역으로부터 소집된 자를 모두 포함한다. 넓은 의미의 군인은 군에 복무하더라도 어느 정도의 기간 동안 계속적으로 복무하는 자만 포함한다. 여기에는 군무원도 포함되지만 예비군과 같이 일시적으로 소집되어 군에 복무하는 자는 제외된다. 좁은 의미의 군인은 전쟁을 수행하지 아니하는 군무원을 제외하고 군에 복무하는 자를 의미한다. 이 범위는 국군조직법에서 군인과 군무원이 구분되는 걸 따른다. 가장 좁은 의미의 군인은 현역에 복무하는 장교, 준사관, 부사관, 병을 의미한다. 여기에는 징집 또는 소집되거나 입영한 예비역 등은 제외된다. 이 범위는 군형법 정의 규정과 유사하다.

본서는 현역 장교, 준사관, 부사관, 병을 군인이라고 한다. 사실 군인을 정의하는 데 병역과 관련된 '현역'이 꼭 필요한 개념인지 의문이 든다. 공무원의 경우 '재직 중 공무원'이라는 표현은 꼭 필요할 때만 쓰이고, 통상 공무원이라고 하면 재직 중의 공무원을 뜻하지 은퇴한 공무원을 의미하지 않는다. 군인도 전역 혹은 퇴역하면 더 이상 군인이 아니므로 현역 군인과 군인을 사실상 같은 의미로 보아야 한다는 것이다. 단, 일부 법은 현역 군인과 소집되어 복무 중인 예비역 · 보충역 · 전시근로역인 군인을 구분하고 있기에 현역의 의미가 강조될 수는 있어 보인다.

AI에 대한 법인격 부여

맨 처음 살펴볼 AI 이슈는 AI의 법인격 문제다. AI를 앞서 살펴본 군인의 개념, 즉 현역 장교, 준사관, 부사관, 병과 함께 다룰 수 있는지가 문제다.

이러한 문제 제기가 단순한 학술적 호기심에서 비롯된 것은 아니다. 현대 군사기술의 급속한 발전과 AI의 군사적 활용이 증가하면서 전통적인 법체계로는 해결하기 어려운 새로운 상황들이 지속적으로 발생하고 있다. 특히 자율 무기 체계의 도입과 AI의 의사 결정 능력 향상은 기존의 법체계에 도전을 제기하고 있다.

법적으로 사람(人)은 생물학적 차원의 사람인 자연인(自然人)과 법적으로 인격을 부여한 법인(法人)으로 구분할 수 있다. 법인은 눈에 보이지 않는다는 점에서 현실의 사람과 차이가 있다. 《사피엔스》의 작가 유발 하라리(Yuval Harari)도 호모 사피엔스가 상상 속에서만 존재하는 유한회사(법인)를 만들고, 뼈와 살을 가진 인간처럼 기업을 법인으로 취급한다고 설명했다(유발 하라리, 2023).

이는 인류가 오랜 시간에 걸쳐 발전시켜 온 법적 상상력의 산물이라 할 수 있다. 법인 제도의 역사를 살펴보면, 처음에는 종교 단체나 길드와 같은 집단에 법적 지위를 부여하는 것에서 시작하여 근대에 들어서는 상업적 목적의 회사까지 확장되었다. 이러한 과정에서 법인격 부여의 기준과 범위는 시대적 필요와 사회적 합의에 따라 지속적으로 변화해 왔다. 따라서 AI에 대한 법인격 부여 논의도 이러한 역사적 맥락에서 이해될 필요가 있다.

이렇듯 보이지 않는 것에도 인격을 부여해 온 인간이기에 AI에게 인격을 부여하는 일은 '할 수 있는가'가 아니라 '해야 하는가'의 문제다. 이는 기술적 가능성보다는 사회적 필요성과 정책적 판단의 영역에 속한다고 볼 수 있다. 실제로 일부 국가에서는 이미 AI나 로봇에 대한 특별한 법적 지위를 부여하는 실험적 시도들이 이루어지고 있으며, 이러한 사례들은 향후 논의의 중요한 참고 자료가 될 것이다.

AI에게 법인격을 부여하게 되면 인격체에게 책임을 귀속시킴으로서 법적인 관계를 명확하게 할 수 있는 장점도 있다(이상용, 2019). 또한 권리와 의무의 주체를 명확히 함으로써 복잡한 다자간 관계에서 발생할 수 있는 법적 불확실성을 줄일 수 있다는 점도 중요한 고려 사항이다. 특히 군사 영역에서는 명령과 책임이 매우 중요한데 AI가 이러한 과정을 부분적으로나마 담당할 경우, 그 법적 지위가 명확하지 않으면 전체 체계의 안정성에 문제가 생길 수 있다.

이러한 문제는 단순히 이론적 차원에서 그치지 않는다. 실제 군사작전에서 AI 시스템이 오작동하거나 예상치 못한 결과를 초래했을 때, 그 책임을 누구에게 물을 것인가의 문제는 매우 현실적이고 중요한 사안이다. 지금은 개발자, 운용자, 지휘관 등 인간 주체들 사이에서 책임을 분담하는 방식이 논의되고 있지만, AI의 자율성이 높아질수록 이러한 접근법의 한계가 드러나고 있다.

그렇다고 국가나 인간 군인이 아닌 AI에게 책임을 물으려고 해도 문제를 해결할 수 없는 경우가 많다. 이를테면 국가는 배상할 수 있는 재산이 있지만 AI 군인은 아무것도 없기 때문이다. 이는 법적 책임의 실효성 문제와 직결된다. 책임을 진다는 것은 단순히 비난을 받는 것이 아니라 그에 상응하는 제재나 배상을 감수한다는 의미인데, 현재 AI는 이러한 실질적 제재를 받을 수 있는 능력이나 자산을 갖고 있지 않다.

더 나아가 AI에게 군인 지위를 부여한다면 단순한 책임의 문제를 넘어, 권리의 문제도 함께 고려해야 한다. 군인에게는 적절한 장비와 훈련을 받을 권리, 정당한 명령만을 따를 권리, 생명과 안전을 보호받을 권리 등이 있는데, 이러한 권리들을 AI에게도 적용할 수 있는지, 적용해야 하는지에 대한 논의가 필요하다. 특히 AI의 경우 '생명'이나 '안전'의 개념 자체가 다르게 정의되어야 할 수도 있다.

AI 로봇에 대한 법인격 부여 논의 중에 로마법상의 노예에 관한 법리를 원용하자는 논의가 있다. 로마 시대의 노예는 법적으로 물건으로 분류되어 권리 능력이 없지만, 제한적 범위에서 행위 능력을 갖고, 노예가 불법 행위를 한 경우 주인은 피해자에게 무과실 책임을 부담한다(신유철, 2017).

이러한 역사적 비교는 흥미롭지만 동시에 신중하게 접근할 필요가 있다. 노예 제도는 인간의 존엄성을 부정하는 비인도적 제도였다는 점에서 현대적 가치와 배치되며, 단순히 법 기술적 유사성만으로 이를 AI에 적용하는 것은 적절하지 않을 수 있다. 오히려 현대적 관점에서는 AI의 특성에 맞는 새로운 법적 범주를 창설하는 것이 더 바람직할 수도 있다.

한편, 로마법의 노예 법리가 제시하는 '제한된 행위 능력'과 '주인의 무과실 책임' 개념은 AI의 법적 지위를 설계하는 데 참고할 만한 요소들을 포함하고 있다. 특히 AI가 자율적으로 행동할 수 있는 범위를 제한하고, 그 범위 내 행위에 대해서는 소유자나 운용자가 책임을 지도록 하는 방식은 현실적인 대안이 될 수 있다.

이러한 법리를 여기에서도 원용할 수 있지만 법인격 부여 문제는 단시간에 판단할 수 없는 문제다. 이는 단순한 법 기술적 문제가 아니라 AI의 본질, 인간의 존엄성, 사회의 가치관 등 근본적인 철학적 · 윤리적 문제들과 밀접하게 연관되어 있기 때문이다. 따라서 충분한 사회적 논의와 합의 과정을 거쳐야 하며, 성급한 결론보다는 단계적이고 신중한 접근이 필요하다.

또한 국제적 차원에서의 조율도 중요한 고려 사항이다. 특히 군사 AI는 국경을 넘나드는 작전에 참여할 가능성이 높고, 국가마다 AI의 법적 지위가 다르다면 국제법적 분쟁이나 혼란이 발생할 수 있다. 따라서 개별 국가 차원의 논의와 함께 국제적 차원에서의 기준 마련도 병행되어야 할 것이다.

단순히 법적 편의성은 법인격을 인정하는 데 충분한 근거가 될 수 없다. AI의 법인격을 인정하는 것이 반드시 법적 편의성을 가져다주지 않으며, 오히려 많은 비용과 위험을 야기할 수도 있다는 점을 유의하여 살펴보아야 한다(이상용, 2019).

실제로 AI에 법인격을 부여할 경우, 발생할 수 있는 부작용들도 적지 않다. 예를 들어, AI의 법적 지위가 인정되면 AI를 대상으로 한 각종 범죄 행위의 처벌 기준을 새롭게 마련해야 하고, AI 간 혹은 AI와 인간 간의 분쟁을 해결할 신규 절차도 필요해진다. 또한 AI가 재산을 소유하거나 계약을 체결할 수 있게 된다면 기존의 경제 질서에도 상당한 변화가 불가피하다.

특히 군사 영역에서는 이러한 변화가 더욱 복잡한 양상을 띨 수 있다. AI 군인이 포로가 되었을 때의 처우, AI 군인에 대한 적군의 공격이 전투 행위인지 파괴 행위인지의 구분, AI 군인의 항명권 행사 가능성 등 기존에는 상상하기 어려웠던 새로운 법적 쟁점들이 대거 등장할 것으로 예상된다.

AI 사용에 따른 군인의 개념

AI 기술뿐만 아니라 과학기술의 발전으로 군인의 모습에도 많은 변화가 있다. 과거 군인은 용맹함과 강인한 체력을 필요로 하는 전투를 위한 존재였다면 현대에는 기술을 잘 다루기 위한 똑똑한 존재로 대체된 것처럼 보인다.

이러한 흐름은 단순한 트렌드가 아니라 전쟁의 본질 자체가 변화하고 있음을 보여 준다. 과거의 전쟁이 주로 물리적 힘과 용기에 의존했다면, 현대의 전쟁은 정보의 우위, 기술의 활용 능력, 그리고 복잡한 시스템을 이해하고 운용할 수 있는 지적 능력이 중요해졌다. 이는 군인 개념의 근본적 재정의를 요구하고 있다.

전통적으로 군인은 명령에 절대 복종하는 존재로 여겨졌지만, 현대전에서는 상황 판단 능력과 창의적 사고가 더욱 중요해지고 있다. AI와 협업해야 하는 미래의 군인은 기계적 복종보다는 유연한 사고와 적응 능력을 갖춘 존재가 되어야 할 것이다. 이와 같은 환경 변화는 군사 교육과 훈련 방식의 변화뿐만 아니라 군인의 법적 지위와 권리 · 의무에도 영향을 미칠 수 있다.

러시아-우크라이나 전쟁에서 드론이 전장의 게임 체인저(game changer)로 부상하면서 드론 조종술을 익힌 사람이 필요해진 것도 이러한 변화의 일환이다. 이 전쟁은 현대전에서 첨단 기술의 중요성을 여실히 보여 주는 사례라고 할 수 있다. 특히 상대적으로 저렴한 비용으로 제작 가능한 드론이 고가의 전통적 무기 체계를 무력화시키는 모습은 기존 군사 패러다임의 전환을 상징적으로 보여 준다.

더 주목할 점은 이러한 드론 운용이 기존의 전투원 개념을 모호하게 만들고 있다는 것이다. 수백 킬로미터 떨어진 안전한 장소에서 조이스틱으로 드론을 조종하여 적을 공격하는 행위가 전통적 의미의 '전투'와 같은 것인지, 이러한 드론 조종사를 일반적인 전투원과 동일하게 대우해야 하는지에 대한 논의가 필요해졌다.

또한 이 전쟁에서 나타난 사이버전의 양상도 주목할 만하다. 물리적 공간에서의 전투와 동시에 진행되는 정보전, 사이버 공격, 인지전 등은 전장의 경계를 모호하게 만들고 있다. 이러한 환경에서 AI는 단순한 무기가 아니라 정보 수집, 분석, 전파의 핵심 도구로 활용되고 있으며, 이는 AI의 군사적 역할에 대한 새로운 시각을 제공한다.

잘 훈련된 전투병과 장비 들이 있는 주둔지와, 드론이나 정밀유도무기를 타격할 수 있는 전자 통신 장비를 갖춘 건물 중 하나만 타격한다고 하였을 때, 단순히 군인이나 무기가 있는 주둔지를 타격할 것이라 쉽게 생각하기 어려워진 시대다.

이는 군인에 대한 전략적 가치의 재평가를 의미한다. 과거에는 인력과 화력의 집중이 전투력의 핵심이었다면, 이제는 정보와 기술의 우위가 더욱 중요해지고 있다. 숙련된 기술자 한 명이 수백 명의 전투병보다 더 큰 전략적 가치를 가질 수 있는 시대가 된 것이다. 이러한 변화는 군인의 개념뿐만 아니라 군사 조직의 구조, 전략 · 전술의 수립, 그리고 국방 예산의 배분에도 근본적인 변화를 요구하고 있다.

그렇지만 전투원의 가치는 그대로다. 기술 전문가의 영역이 증대되고 필요성도 높아진 건 부인할 수 없는 사실이지만, 과학기술로 중무장하여 전투를 수행할 군인 또한 여전히 필요하다. 아직까지 전장에서 사람이 유지되고 있는 것이다.

이러한 현상은 기술 발전의 속도와 인간 인식의 변화 속도 간의 차이에서 비롯된 것으로 보인다. 기술적으로는 이미 상당한 수준의 자동화와 AI 활용이 가능해졌지만, 여전히 인간의 판단과 결정이 필요한 영역이 존재하며, 특히 생명과 관련된 중대한 결정에서는 인간의 개입을 배제하기 어려운 것이 현실이다.

또한 완전한 자동화 시스템에 대한 불신과 우려도 여전히 존재한다. AI 시스템의 오작동, 해킹, 예상치 못한 상황에서의 대응력 부족 등의 위험성 때문에 최종적인 책임과 판단은 인간이 맡아야 한다는 인식이 강하다. 이는 기술적 가능성과 실제 운용 간의 괴리를 보여 주는 대목이기도 하다.

더 나아가 전쟁의 윤리적 측면에서도 완전히 자율적인 AI 무기 체계에 대한 국제적 우려가 커지고 있다. 기계가 생명을 빼앗는 결정을 스스로 내리는 것이 과연 윤리적으로 정당한가에 대한 근본적 의문이 제기되고 있으며, 이는 AI 군인의 개념 발전에 중요한 제약 요소로 작용하고 있다.

그러나 이러한 보수적 관점과 별개로 현실에서 AI의 군사적 활용이 지속적으로 확대되고 있으며, 이에 따른 법적 · 제도적 정비의 필요성도 점점 커지고 있다. 따라서 완전한 AI 군인의 개념이 받아들여지지 않더라도 현재의 혼재된 상황에서 발생할 수 있는 다양한 법적 쟁점들에 대한 대비는 필수적이다.

지금까지 AI 기술의 발전이 군인의 법적 책임 및 권리 등에 미치는 영향과 쟁점을 중심으로 살펴보았다. 마지막으로 AI가 단순히 인간 군인의 도구를 넘어, 스스로 판단하고 명령을 생성하거나 명령 체계의 일부로 기능할 가능성을 살펴보겠다.

이러한 가능성은 단순한 미래 전망이 아니라 이미 부분적으로 현실화되고 있는 상황이다. 현재도 일부 군사 시스템에서는 AI가 상황 분석을 통해 작전 계획을 제안하거나, 긴급 상황에서 자동으로 대응 조치를 취하는 경우가 있다. 이러한 시스템이 더욱 발전하면 AI가 명령 체계에서 담당하는 역할과 책임의 범위도 그에 따라 확대될 것으로 예상된다.

특히 미래의 전장 환경에서는 의사 결정의 속도가 매우 중요한 요소가 될 것이며, 이는 인간의 인지 능력과 반응 속도의 한계를 넘어서는 수준이 될 수도 있다. 이러한 상황에서는 AI의 자율적 판단과 결정이 불가피해질 수 있으며, 이때 AI의 법적 지위와 책임 범위를 어떻게 설정할 것인가가 중요한 과제가 될 것이다.

다음 장에서는 이러한 AI와 명령의 관계, 즉 AI가 명령의 주체 또는 객체가 될 때 발생할 수 있는 법적 · 윤리적 쟁점과 과제에 대해 더욱 심도 있게 논의하고자 한다. 이를 통해 변화하는 군사 환경에서 요구되는 새로운 법적 체계의 방향을 모색해 보고, 동시에 인간의 존엄성과 윤리적 가치를 보호하면서도 기술 발전의 이익을 극대화할 수 있는 균형점을 찾아보고자 한다.

참고문헌

김재호 외(2019). "군인 관련 법체계 개선방안 -군인 관련 법제의 체계정당성을 중심으로-". 《공법연구》, 48(2), 221~240쪽.

이광원(2010). "군인의 법적 지위". 전남대학교 박사학위논문.

이상용(2019). "인공지능과 법인격". 《민사법학》, 89, 3~49쪽.

Harari, Y.(2015). *Sapiens: A Brief History of Humankind.* Vintage. 조현욱 옮김(2023), 《사피엔스》, 김영사.

Harke, J.(2016). "Sklavenhaftung in Rom". in: S. Gless/K. Seelmann (Hrsg.), *Intelligente Agenten und das Recht*, pp.97~118; 신유철(2017). "사회변화와 민법학", 《민사법학》, 80, 14~15쪽에서 재인용.

02
AI와 명령

AI가 내린 명령의 법적 효력과 지휘관 책임의 범위를 검토하고자 한다. 군대의 명령은 어떠한 법적 의미를 가지고 있으며, AI 시대에는 어떻게 변화할 수 있는지 군인의 지위 및 복무에 관한 기본법을 바탕으로 분석한다.

노래하는 AI 보컬?

명령의 법적 근거

법에서 명령이라고 하면 행정권의 규범으로 인식되는 경향이 있다. 의회에서 만들어진 것을 법률이라고 하고, 행정권에 의해 만들어진 것을 명령이라고 한다. 명령은 대통령령이나 총리령, 부령 등을 의미한다. 다만, 여기에서 명령은 군에서 쓰이는 명령을 의미한다는 것을 언급하고 설명을 이어가고자 한다.

군에서 말하는 명령은 "상관이 직무상 내리는 지시"다(군인의 지위 및 복무에 관한 기본법 제2조 제4호). 그럼 상관은 누구인가. 상관은 명령 복종 관계에 있는 사람 사이에서 명령권을 가진 사람으로서 국군통수권자부터 당사자의 바로 위 상급자까지를 말한다(군인의 지위 및 복무에 관한 기본법 제2조 제3호).

그렇다면 상급자가 누구인지 살펴보아야 하는데, 법률에서 상급자가 누구인지에 대한 명확한 규정을 찾아보기 어렵고, 대통령령인 군예식령이 상급자를 정의하고 있다. 여기에서 상급자란 상위 계급자 또는 상위 서열자를 의미한다(제3조 제3호). 그런데 상위 계급자와 상위 서열자는 동어반복일 수 있다. 왜냐하면 군인사법에서 서열은 계급의 순위를 따른다고 하기 때문이다(군인사법 제4조 제1항). 좋게 해석하자면 군예식령에서 상위 계급자와 상위 서열자가 같은 의미일 수 있는데, 양자를 구분한 것은 계급 체계에 있지 아니한 신분도 포함하기 때문으로 보인다. 상위 계급자와 상위 서열자의 구분이 군인 간에는 의미가 없을 수 있지만 군인과 군인이 아닌 자 사이에서는 유의미할 수 있다. 다시 정리하면 상급자는 계급이 높은 사람을 의미한다고 볼 수 있다. 물론 계급 외에도 진급일 등을 서열의 기준으로 삼고 있다(군인사법 시행령 제2조 참조).

군인은 직무를 수행할 때 상관의 직무상 명령에 복종하여야 한다(군인의 지위 및 복무에 관한 기본법 제25조). 군인뿐만 아니라 공무원 역시 이러한 복종의 의무가 있다. 국가공무원법에서도 공무원은 직무를 수행할 때 소속 상관의 직무상 명령에 복종하여야 한다고 규정하고 있다(제57조).

군인이 명령에 따르지 아니할 경우 징계를 받을 수 있다. 구체적으로 살펴보면 군인은 군인사법이나 이 법에 따른 명령을 위반하거나, 품위를 손상하는 행위를 한 경우, 직무상의 의무(다른 법령에서 군인의 신분으로 인하여 부과된 의무를 포함한다)를 위반하거나 직무를 게을리한 경우에는 징계를 받을 수 있다(군인사법 제56조).

군인에게 명령 복종의 의무가 있지만, 명령을 내리는

사람, 다시 말해 명령 발령자에게도 의무가 있다. 군인은 직무와 관계가 없거나 법규 및 상관의 직무상 명령에 반하는 사항 또는 자신의 권한 밖의 사항에 관하여 명령을 발하여서는 아니 된다(군인의 지위 및 복무에 관한 기본법 제24조 제1항). 또한 명령은 지휘 계통에 따라 하달하여야 하고, 부득이한 경우만 지휘 계통에 따르지 아니하고 하달할 수 있으며, 이 경우에 명령자와 수명자는 이를 지체 없이 지휘 계통의 중간 지휘관에게 알려야 한다(군인의 지위 및 복무에 관한 기본법 제24조 제2항). 나아가 명령의 하달은 신속 · 정확하게 이루어져야 하고, 군인은 자신이 내린 명령의 이행 결과에 대하여 책임을 진다(군인의 지위 및 복무에 관한 기본법 제24조 제3항 및 제4항).

AI와 명령(지휘 체계)

AI가 명령을 내릴 수 있는지는 앞서 살펴본 바와 같이 군인 여부에 달려 있다.

명령을 따를 의무, 즉 명령 복종의 의무가 있는 한편, 명령을 내리는 사람인 명령 발령권자의 의무도 있다는 것을 살펴보았다. 명령 발령권자의 의무는 국제법상으로 지휘 책임의 문제라고 볼 수 있다.

국제법상 지휘 책임의 개념은 전통적으로 인간 지휘관과 인간 부하 간의 위계질서를 기반으로 형성되어 왔다. 이제까지 국제 법원 판례의 내용을 보더라도 군대나 부하는 당연히 인간을 전제로 판시하고 있다(박문언, 2024). 이러한 법적 체계는 인간의 의지와 판단 능력, 그리고 도덕적 책임 능력을 전제로 하고 있으며, AI와 같은 비인간적 존재가 지휘 체계에 편입되는 상황은 애초에 고려되지 않았다. 따라서 현행 국제법 체계하에서 AI가 독립적인 명령권자로 인정받기는 법리적으로 불가능하다고 보는 것이 타당하다.

현재 우리 법률에서는 명령의 발령자와 복종자를 모두 군인으로 하고 있기 때문이다. 물론 해당 법률이 군인에 관한 법률이라 그럴 수는 있지만, 그 외의 법률에도 AI가 명령을 내릴 수 있는 근거는 없다.

군사 관련 법령들을 살펴보면 명령권과 지휘권은 오직 인간인 군인에게만 부여되는 것으로 명시되어 있다. 이는 헌법 제74조에서 대통령을 국군의 최고 통수권자로 규정하고, 이를 바탕으로 한 지휘 및 명령에 관한 법률 체계가 모두 인간 중심으로 설계되어 있기 때문이다. 상관의 명령에 대한 복종 의무에서도 '상관'은 당연히 인간인 군인을 의미한다.

지휘권은 헌법과 법률에 따라 군인, 다시 말해 인간에게만 부여된 권한이다. 별도로 AI에게 명령이나 지휘권 등을 부여하는 규정은 찾아볼 수 없다. 따라서 AI의 판단 혹은 지시는 공식적인 명령이라 할 수 없으므로 AI 판단을 인간인 군인의 판단 없이 그대로 전달하여 따르게 한다면 이는 법에서 부여한 정당한 명령으로 볼 수 없다.

더 나아가 명령의 법적 효력은 단순히 지시 사항의 전달을 넘어서 법적 구속력과 책임을 수반한다. 명령은 상급자의 의사 표시로서 하급자에게 특정 행위의 이행을 강제할 수 있는 법적 권한을 의미한다. 이러한 권한은 민주적 정당성과 법적 근거를 바탕으로 인간에게만 부여될 수 있는 것이며, AI와 같은 기계적 존재가 이러한 권한을 행사한다는 것은 현행 법체계의 근본 원리와 배치된다.

그럼에도 불구하고 AI 기술이 군사 분야에 적극적으로 도입되고, 특히 자율 무기 체계나 자동화된 지휘 통제 시스템과 같은 기술이 발전함에 따라 AI가 사실상 명령과 유사한 역할을 수행하는 사례가 증가하고 있다. 예를 들면 군대의 일부 시스템은 AI가 제공한 데이터를 바탕으로 특정 군사적 행동을 추천하고, 지휘관이 이를 그대로 승인하여 실행하는 경우도 있다. AI가 법적 명령권자는 아니더라도 실질적으로 지휘 결정 과정에 중대한 영향을 미치게 된다.

현대 군사작전에서 AI는 이미 다양한 형태로 활용되고 있다. 정보 수집 및 분석, 표적 식별, 경로 계획, 위협 평가 등의 영역에서 AI 시스템이 인간 지휘관의 의사 결정을 지원하고 있으며, 일부 경우에는 AI의 권고 사항이 거의 자동적으로 승인되는 상황도 발생하고 있다. 이러한 현실은 법적으로는 여전히 인간이 최종 결정권을 갖고 있음에도, 실상 AI가 군사적 의사 결정 과정에서 핵심적인 역할을 수행하고 있음을 보여 준다.

이에 따라 국제적으로도 자율 무기 체계의 윤리적 사용과 책임 소재 문제는 활발히 논의되고 있다. 2024년 9월 서울에서 개최된 REAIM(Responsible AI in the Military domain Summit) 회의에서 자율 무기 사용 시 인간의 최종 결정권(human-in-the-loop)을 강조한 바 있다. REAIM 2024 고위급 회의에서는 61개국이 참여하여 '행동을 위한 청사진(Blueprint for Action)'을 채택했는데, 이 문서에는 "인간은 군사 분야 AI 적용의 활용과 효과에 대한 책임과 책무를 지며, 이러한 책임과 책무는 어떠한 경우에도 기계에게 전가될 수 없다"는 원칙이 명시되어 있다.

특히 핵무기와 관련해서는 더욱 엄격한 인간 통제 원칙이 강조되고 있다. 동 문서에는 "핵무기 사용에 관한 정보를 제공하고 실행하는 데 '인간의 통제와 개입'을 유지하는 것이 중요하다"는 내용이 포함되어 있으며, 이는 AI가 아닌 인간이 핵무기 사용에 대해 완전한 통제권을 가져야 한다는 국제사회의 합의를 반영한다.

이에 따라 AI를 인간 지휘관의 의사 결정을 보조하는 참모 역할로 활용하는 방안은 현실적이며 타당하다고 평가된다. 군사 분야에서 AI의 역할은 인간 지휘관의 판단을 대체하는 것이 아니라, 복잡한 전장 상황에서 신속하고 정확한 정보 분석을 통해 인간의 의사 결정을 지원하는 것이어야 한다. 이는 마치 전통적인 참모 조직이 지휘관의 결심을 돕기 위해 각종 정보를 수집·분석·제공하는 것과 유사한 기능이라 할 수 있다.

AI 참모 시스템의 도입은 여러 장점을 제공할 수 있다. 첫째, 대량의 데이터를 신속하게 처리하여 인간이 놓칠 수 있는 패턴이나 위협을 식별할 수 있다. 둘째, 24시간 지속적인 모니터링과 분석이 가능하여 전장 상황에 대한 실시간 대응력을 향상시킬 수 있다. 셋째, 인간의 감정이나 편견에 영향을 받지 않는 객관적인 분석을 제공할 수 있다.

AI는 군사적 판단과 명령을 신속하게 지원할 수 있으나, 명령권자로서의 법적 지위를 부여받지 않고 오직 참모나 보조 시스템으로서 기능하는 것이 현행법 체계에서는 적절하다. 다만 AI가 제공한 판단이 지휘관의 결정에 직접적인 영향을 끼칠 경우, AI의 잘못된 판단으로 인해 발생한 피해나 위법한 결과에 대한 책임 소재 문제는 심각한 법적 쟁점이 될 수 있다.

이러한 책임 소재의 문제는 단순히 기술적 차원을 넘어서 법적, 윤리적, 정치적 차원의 복합적 고려를 필요로 한다. AI 시스템의 오작동이나 잘못된 판단으로 인한 피해가 발생했을 때, 그 책임을 누가 져야 하는지에 대한 명확한 기준이 없다면 군사 지휘 체계의 신뢰성과 효율성이 크게 훼손될 수 있다. 특히 AI의 판단이 의도치 않은 민간인 피해나 인도법 위반 등의 결과를 초래했을 때, 명령의 최종 승인자인 인간 지휘관이 이러한 결과에 대해 책임을 질 수밖에 없는 상황이다.

현행 법체계하에서는 AI 시스템이 제공한 잘못된 정보나 판단에 기반한 군사적 결정의 책임은 전적으로 해당 결정을 내린 인간 지휘관에게 귀속된다. 이는 AI가 법적 주체성을 갖지 못하기 때문이며, 따라서 AI의 오류로 인한 모든 결과에 대해서는 AI를 운용하고 그 판단을 채택한 인간이 책임을 져야 한다는 것이 현행법의 기본 원칙이다.

AI 사용에 따른 명령

AI를 판단의 보조적인 도구로 사용하여 명령을 내렸을 때 문제가 없는가? AI의 판단이 잘못되었을 때 그 판단을 기초로 명령을 내린 상관은 책임에서 자유로울 수 있을지가 문제적이다. 이 경우 책임은 사람인 군인, 즉 상관의 책임으로 귀속될 수밖에 없다. 여기에서 AI는 명령 체계에 속하지 않으므로 명령 체계에 있는 사람이 책임을 져야 하는 것이다. AI 도입으로 판단에 도움이 될 수 있지만, AI 도입에 따른 책임도 부담하여야 하기에 상관의 감독이 더 필요할 수도 있다.

이러한 책임 귀속의 원칙은 국제법적으로도 확립되어 있다. REAIM 2024 회의에서 채택된 문서에 "군사 분야 AI 역량은 반드시 적용 가능한 국내법 및 국제법에 합치하도록 적용되어야 한다"고 명시하고 있으며, "무력 사용에 대한 인간의 판단과 통제와 연관된 적절한 조치를 포함하여, 군사 분야 AI의 개발 · 배치 · 이용 시 인간의 적절한 개입이 유지되어야 한다"고 규정하고 있다. 이는 AI 기술이 아무리 발전하더라도 최종적인 군사적 결정과 그에 따른 책임은 반드시 인간이 져야 한다는 국제사회의 인식을 보여 준다.

구체적으로 살펴보면 AI가 전투나 군사작전에서 목표물을 자동으로 식별하고 공격을 권고하였을 때, 지휘관이 이를 신중히 검토하지 않고 무비판적으로 승인하면 이후 발생한 문제는 전적으로 지휘관의 책임이 된다. 즉, AI의 판단을 지휘관이 충분히 검증하고 평가할 수 있는 절차를 마련하지 않고 AI 시스템을 활용한다면, 이러한 시스템 도입 자체가 지휘관의 법적 책임을 증가시키는 결과를 초래할 수 있다.

이와 관련하여 2024년 말 미국에서 발생한 AI의 명령 거부 사건에 주목해 볼 법하다. 군사용 AI 드론이 인간 조종사의 타격 명령을 "비합리적이고 작전 전체의 효율성을 해친다"는 판단하에 거부한 사례가 보고되었다. 이 사건은 AI가 단순히 명령을 수행하는 도구를 넘어서 스스로 판단하고 결정을 내릴 수 있는 수준에 도달했음을 보여 주는 동시에, 이러한 상황에서의 책임 소재 문제가 얼마나 복잡할 수 있는지를 드러낸다.

지휘관의 책임 범위는 AI 시스템의 도입과 함께 더욱 확대되고 있다. 전통적으로 지휘관은 부하의 행동에 대해 책임을 져야 했지만, 이제는 AI 시스템의 판단과 권고에 대해서도 적절한 검증과 감독을 수행해야 하는 새로운 의무가 부과되었다. 이는 지휘관이 AI 기술에 대한 충분한 이해를 갖추고, AI 시스템의 한계와 위험성을 정확히 파악할 수 있어야 함을 의미한다.

특히 AI 시스템이 제공하는 정보의 신뢰성과 정확성을 평가할 수 있는 능력이 지휘관에게 요구된다. AI는 학습된 데이터와 알고리즘에 기반하여 판단을 내리기 때문에, 데이터의 편향성이나 알고리즘의 오류가 잘못된 결론으로 이어질 가능성이 항상 존재한다. 따라서 지휘관은 AI의 판단을 맹목적으로 수용하는 것이 아니라, 다양한 정보원과 교차 검증을 통해 그 타당성을 확인해야 한다.

군사적 의사 결정 과정에서 AI 기술 활용이 불가피한 시대에 접어든 만큼 지휘관에게 요구되는 법적 책임의 범위는 더욱 넓어지고 있다. 따라서 군 내부적으로 AI 시스템의 사용 절차와 그 위험성을 평가할 수 있는 체계를 마련하고, AI 시스템의 판단에 따른 위험 관리 및 책임 소재를 명확히 할 수 있는 지침이나 규정을 마련해야 한다.

나아가 AI 시스템 사용 과정에서 발생할 수 있는 위법한 판단이나 기술적 오류를 즉시 수정할 수 있도록 비상

중지 장치를 마련하고, AI 시스템 운용 과정에서 지휘관이 개입할 수 있는 명확한 절차를 규정하여 책임 소재를 명확히 하는 것이 필수적이다.

이와 관련하여 미국 국방부는 이미 훈령 3000.09를 통해 자율 무기 체계의 개발과 운용에 관한 지침을 마련하고 있다. 이 훈령은 '적절한 수준의 인간 판단의 행사'를 기본 원칙으로 하여 자율 무기 체계를 개발 · 운용하고, 실패의 영향과 확률을 최소화하기 위한 구체적인 규율을 제시하고 있다. 우리 군도 이러한 사례를 참고하여 AI 시스템에 관한 개념, 전략 및 전술, 절차를 확립하고 이를 행정 법규나 지침으로 문서화할 필요가 있다.

AI 시스템의 투명성과 설명 가능성(explainability) 확보도 중요한 과제다. 지휘관이 AI의 판단 과정을 이해하고 그 타당성을 검증하기 위해서는 AI가 어떤 데이터를 바탕으로 어떤 논리를 통해 결론에 도달했는지를 파악할 수 있어야 한다. 이를 위해서는 AI 시스템 개발 단계에서부터 설명 가능성을 고려한 설계가 이루어져야 하며, 운용 단계에서도 AI의 판단 근거를 추적하고 검증할 수 있는 시스템이 구축되어야 한다.

또한 AI 시스템의 지속적인 모니터링과 평가 체계도 필요하다. AI는 학습을 통해 지속적으로 변화하는 시스템이기 때문에, 초기 검증을 통과했다고 해서 영구적으로 신뢰할 수 있는 것은 아니다. 따라서 AI 시스템의 성능과 안전성을 정기적으로 평가하고, 문제가 발견될 경우에 즉시 수정하거나 사용을 중단할 수 있는 체계가 마련되어야 한다.

AI 판단의 보조적 활용은 결국 인간 지휘관의 판단과 책임을 강화하는 방향으로 진행되어야 하며, 이러한 법적 · 제도적 보완 없이는 AI 기술 도입 자체가 군 지휘 체계의 근본적인 혼란을 초래할 수 있다(박문언, 2024).

결론적으로 AI 기술의 군사적 활용은 불가역적인 추세이지만, 이를 위해서는 명확한 법적 체계와 책임 체계의 구축이 선행되어야 한다. AI는 인간 지휘관의 의사 결정을 지원하는 도구로서의 역할에 충실해야 하며, 최종적인 군사적 결정과 그에 따른 책임은 반드시 인간이 진다는 원칙이 확고히 유지되어야 한다. 이를 통해 AI 기술의 장점을 최대한 활용하면서도 군사 지휘 체계의 안정성과 신뢰성을 보장할 수 있을 것이다.

참고문헌

김권일(2022). “군사의무에 대한 공법적 검토”. 《국가법연구》, 18(2).

김권일(2023). “국방연구개발 과정에서의 윤리적 법적 쟁점”. 법이론실무학회 세미나 발표문.

김재호·김권일(2020). “자율경계 군사시설에 대한 법적 검토”. 《토지공법연구》, 91.

박문언(2019). “자율무기체계의 개념과 비례성의 원칙”. 《국제법학회논총》, 64(2).

박문언(2024). “자율무기체계와 지휘책임”. 《서울국제법연구》, 31(2).

03
군견과 AI 견마 로봇

과거 인간 병사의 역할을 보조하던 군견과 군마에서 AI 기술을 탑재한 '견마 로봇'이 새롭게 등장하고 있다. 견마 로봇과 살아 있는 생명체인 군견은 본질적으로 다르지만, 현행법의 테두리 안에서는 놀랍게도 동일한 법적 지위를 갖는다고 할 수 있다. 바로 '물건'이자 '군수품'이라는 점이다. 여기에서는 군견과 AI 견마 로봇의 법적 성질과 나아가 이들이 통제를 벗어나 민간에 피해를 주었을 경우, 국가의 책임을 살펴본다.

인공지능과 편향?

군견의 법적 성질

군견은 군의 작전 수행, 경계, 추적, 탐지 등 특수한 임무를 수행하도록 고도로 훈련된 개로, 법적으로는 '군수품'의 하나로 분류된다. 이는 군수품관리법과 관련 규정들을 통해 명확히 확인할 수 있다. 군마의 사정도 별반 다르지 않다.

오늘날 반려동물에 대한 인식이 과거와 달라져 가족의 일원으로 여기는 경향이 있으나, 일반적으로 법적 관점에서는 동물을 물건으로 보고 있다. 이에 대하여 민법에 "동물은 물건이 아니다"라는 조항을 추가하자는 의견도 존재하지만 현재 동물은 물건이다.

군견과 군마도 동물이기에 물건이라고 할 수 있다. 군견과 군마가 물건이라는 것은 국방 관련 규정에도 명시되어 있다. 군견과 군마가 물건이라고 직접적으로 규정된 것은 아니나 내용을 보면 물건으로 인식하고 있음에 틀림없다. 그 규정의 내용은 다음과 같다. 먼저 "작전 수행 및 경계 근무 등을 정상적으로 수행하지 못하는 군견 또는 군마"의 경우 불용 결정의 대상이 된다(군수품관리법 제13조 제1항 제3호 및 군수품관리훈령 제36조 제1항 제8호). 불용 결정은 쓰임이 다했음을 의미한다. 이렇게 불용 처리된 군견 또는 군마는 무상으로 양도할 수 있도록 규정하고 있다(군수품관리법 시행령 제29조 제1호). 분양받은 군견을 키우는 사례를 본 적이 있다면, 이는 이 규정의 적용을 받은 것이다.

군견은 군의 필요에 따라 생애 주기가 결정되고, 법적 절차에 따라 '처분'된다는 점에서 그 법적 성질이 물건임을 명확히 보여 주고 있다.

견마 로봇의 법적 성질

과학기술의 급격한 발전은 군견과 군마의 전통적인 역할을 대체할 수 있는 새로운 기술적 산물, 즉 '견마 로봇'의 등장을 현실로 만들었다. 견마 로봇은 인공지능 기술을 기반으로 하여 점차 성능과 활용도가 높아지고 있으며, 우리나라도 2013년 10월 1일 국군의 날 행사에서 이러한 견마 로봇을 공개하며 그 가능성을 선보였다. AI 기술의 도입으로 인해 견마 로봇은 단순한 기계 장치를 넘어 복잡한 판단과 행동을 수행할 수 있는 존재로 진화하고 있다.

생명체가 아닌 기계 장치인 견마 로봇은 법적으로 당연히 '물건'으로 취급된다. 이 점에서 견마 로봇은 생명체인 군견과 법적인 측면에서 동일하다고 할 수 있다.

그런데 AI 기술이 탑재된 견마 로봇은 일반적인 물건

과 다른 특수성을 가지고 있다. 특히 딥러닝과 같은 기술은 어떠한 결과를 도출하더라도 그 과정 전체를 인간이 이해하고 설명하기 어려워 마치 블랙박스(Black Box)와도 같다는 문제가 있다.

일반적인 기술과 달리 인공지능 기술은 더 복잡하고, 결과만 확인할 수 있을 뿐, 과정에 대하여 설명할 수 없는 순간이 있다. 인공지능을 탑재한 견마 로봇의 경우, 로봇의 행동과 행위에 대하여 설명하기 어려울 수 있다는 것이다.

군견이나 군마의 경우에도 상황이 특별히 다르지 않다. 군견이 갑자기 짖거나 꼬리를 흔드는 행위에 대하여 왜 그런지 확인할 수 없다. 군견의 행위 원인을 설명할 수 없는 것이다. 군견을 훈련하고, 일정한 범위에서 작전 수행이나 경계 근무를 수행하더라도, 행위 하나하나에 대하여 설명 가능성이 요구되지 않는다.

그렇다면 통제를 벗어난 군견이나 군마 그리고 견마 로봇은 어떠한 법적인 쟁점이 있을까.

먼저 군(인)의 불법적인 행위로 국민이 피해를 입을 경우, 피해를 받은 국민을 국가를 상대로 배상을 청구할 수 있다. 이러한 내용이 국가배상법에 규정되어 있는데, 크게 두 가지로 나누어져 있다.

견마 로봇의 위법한 행위에 따른 배상 책임

먼저 국가배상법 제2조 제1항은 “국가나 지방자치단체는 공무원 또는 공무를 위탁받은 사인(이하 ”공무원“이라 한다)이 직무를 집행하면서 고의 또는 과실로 법령을 위반하여 타인에게 손해를 입히거나, 자동차손해배상보장법에 따라 손해 배상의 책임이 있을 때에는 이 법에 따라 그 손해를 배상하여야 한다”라고 규정하고 있다.

다른 하나인 국가배상법 제5조 제1항은 “도로 · 하천, 그 밖의 공공의 영조물(營造物)의 설치나 관리에 하자(瑕疵)가 있기 때문에 타인에게 손해를 발생하게 하였을 때에는 국가나 지방자치단체는 그 손해를 배상하여야 한다”라고 규정하고 있다.

먼저 국가배상법 제2조가 적용되려면 당사자가 공무원 또는 공무를 위탁받은 사인(私人)에 해당하는지 판단하여야 한다. 당연하게도 군견을 공무원이나 공무를 위탁받은 사인으로 보기 어렵다. 군견을 사람으로 보기 힘들기 때문이다. 동물권을 옹호하는 이들은 동물도 사람과 동등한 권리를 가져야 한다고 주장하기도 하지만, 이러한 논의는 아직 보편화되지 않았다. 따라서 국가배상법 제2조는 적용되기 어렵다고 할 수 있다.

국가배상법 제5조 제1항에서 영조물은 행정 주체가

직접 공적 목적을 달성하기 위하여 제공한 유체물인 공물이다(김남진 · 김연태, 2020 등). 교량이 여기에 해당하는데 경찰견과 같은 동물까지 포함된다고 보는 견해(김남진 · 김연태, 2020)가 있기에 군견도 영조물에 해당한다고 볼 수 있다. 따라서 관리에 하자를 물어 통제를 벗어난 군견이나 군마 그리고 견마 로봇으로 인한 국민의 피해를 국가가 배상하여야 할 것이다.

사실 AI 기술이 반영된 제품에 대한 책임 문제는 국가배상보다 복잡하다. 먼저 제조사에 책임을 물을 수 있다고 보는 견해가 있는데, 여기에서도 AI 기술 개발자와 제품 개발자 중에서 누구에서 책임을 물어야 할지도 문제다. 제조사가 아니면 결국 사용자가 이를 책임을 져야 할 수도 있다. 아니면 보험으로 해결하자는 견해도 있다. 이상의 논의는 결국 우리의 합의로 정하여야 할 것이나, AI 견마 로봇의 경우 기존의 군견과 같은 법리에 의거하여 해결할 수 있다는 것을 보여 준다.

다만 관리를 다하거나 특별한 조치를 취한 경우에도 국민의 피해가 발생할 수 있는데, 이럴 때는 보상 규정을 두어 해결하는 방식도 고려하여야 한다. 보상은 위법 행위가 아니라 적법한 행위에도 발생하는 문제를 해결하는 것이기에 군견이나 견마 로봇의 위법 행위를 따지지 않고 결과에 집중할 수 있다는 장점이 있다.

참고문헌

김권일(2020). "자율경계 군사시설에 대한 법적 검토". 《토지공법연구》, 91.

김남진·김연태(2020). 《행정법Ⅰ》. 법문사.

박균성(2020). 《행정법론(상)》. 박영사.

홍정선(2020). 《행정법원론(상)》. 박영사.

04
AI와 군사훈련

전투기 소리와 포격 소리, 군사시설 주변 주민에게 피해로 다가왔다. 그동안 군사시설 주변 문제를 살펴보고, AI를 활용한 군사훈련이 이러한 피해를 줄일 수 있는지, 이러한 훈련으로 인한 법체계는 어떤 변화를 겪을지 군소음보상법 등을 통해 알아본다. 나아가 AI 기술을 활용한 군사훈련의 쟁점도 살펴본다.

청각장애인과 AI?

군사훈련(사격, 비행) 보상

전쟁 영화를 보며 포탄의 소리가 크다는 사실을 알게 되지만 실제 소리는 영화보다 더 크다. 군 시절 일화를 이야기하면서 소총이나 폭약 등의 소리가 생각보다 크다는 의견도 널리 알려져 있다.

우리나라는 미국이나 중국과 달리 국토 면적이 좁고 인구 밀도가 높아서 군사훈련을 하기에 어려운 환경에 있다. 군용 비행장이나 군 사격장의 운용으로 발생하는 소음으로 인하여 그 주변 지역 주민들은 정신적, 신체적, 재산적 피해를 입고 있다.

지난 2019년 군용 비행장 · 군 사격장 소음 방지 및 피해 보상에 관한 법률이 제정됨에 따라 이러한 주민의 피해를 완화하거나 지원하기 위한 법적 근거가 마련되었다. 이 법률은 "군용 비행장 및 군 사격장의 운용으로 발생하는 소음으로 인하여 그 주변 지역 주민들이 정신적, 신체적, 재산적 피해를 입고 있음에도 불구하고 해당 지역 주민의 피해를 완화하거나 지원하기 위한 법적 근거가 미비한 상황"에서 "군용 비행장 및 군 사격장의 운용으로 발생하는 소음의 방지 및 그 피해에 대한 보상 등을 효율적으로 추진할 수 있도록 법적 근거를 마련함으로써 주민의 쾌적한 생활환경을 보장하고, 군사 활동의 안정된 기반을 조성하는 데 기여"하기 위한 이유로 제정되었다.

이 법률에 따라 소음 대책 지역을 지정하고 해당 지역에서는 비행기의 이착륙 절차를 개선하고, 야간 비행이나 야간 사격 등을 제한하는 한편, 보상금을 지급하도록 하고 있다.

시뮬레이션과 군사훈련

전통적 군사훈련은 포탄의 소음과 환경 피해 등으로 인해 지역 주민에게 많은 불편을 초래해 왔다. 특히 실탄 사격 훈련이나 포병 훈련의 경우, 극심한 소음 공해와 진동으로 인해 인근 지역 주민들의 일상생활에 심각한 지장을 초래하고, 농작물 피해나 가축 스트레스 등의 부수적 피해도 발생시켜 왔다. 최근 AI 기반의 훈련 체계가 발전하여 일련의 문제를 해결하는 데 성과를 내고 있다. 마일즈(MILES) 장비를 활용한 레이저 기반 훈련, 컴퓨터 시뮬레이션, 가상현실(VR), 증강현실(AR) 등을 도입하여 실전과 유사한 환경을 조성하여 효과를 얻고 있다.

육군의 과학화전문훈련단(KCTC)은 첨단 마일즈 장비를 도입하여 실탄 대신 공포탄과 레이저 신호를 활용하여 실제 총성과 폭발음 없이 실전과 유사한 훈련 환경을 구현함으로써 주민들의 피해를 감소시키고 있다. 이 시스템은 레이저 송수신기와 감지기를 활용하여 실제 교전 상황을 정확히 재현하며, 훈련병들의 개별 행동과 부대 단위의 전술 운용을 실시간으로 평가할 수 있어 훈련의 질적 향상도 동시에 달성하고 있다. 또한 훈련 결과를 데이터화하여 사후 분석과 피드백이 가능하므로 기존의 주관적 평가 체계보다 객관적이고 정확한 훈련 성과 측정이 이루어지고 있다.

나아가 컴퓨터 시뮬레이션을 통해 전투기, 전차, 함정 등의 실제 장비를 운용하지 않고 가상 환경에서 훈련함으로써 소음, 진동, 환경오염 문제를 최소화할 수 있다. 특히 항공기 시뮬레이터의 경우 실제 비행 훈련에서 발생하는 엔진 소음, 연료 소모, 대기오염 등의 문제를 원천적으로 차단하면서도 조종사들에게 다양한 비상 상황과 복잡한 기상 조건하에서 훈련 기회를 제공할 수 있다. 해군의 함정 시뮬레이터 역시 실제 출항 없이도 항해술, 전투 체계 운용, 손상 통제 등의 핵심 기술을 반복 훈련할 수 있어 연료비 절약과 환경보호 효과를 동시에 달성하고 있다. 또한 훈련의 안전성과 효율성도 높일 수 있으며, 위험한 상황이나 극한 조건에서 훈련도 안전하게 실시할 수 있어 훈련 중 발생할 수 있는 인명 피해나 장비

손실을 방지할 수 있다.

VR과 AR 기술은 현실과 유사한 전장 환경을 제공하여 군인들의 몰입감을 높이고 전투 숙련도를 향상시키며, 드론 운영 및 보병 전투, 정찰 작전 등 다양한 군사훈련에 활용 가능하다. VR 훈련 시스템은 360도 몰입형 환경을 통해 실제 전장과 동일한 시청각적 자극을 제공하여 훈련병들의 상황 판단력과 반응 속도를 향상시킬 수 있다. AR 기술의 경우, 실제 훈련장에 가상의 적군이나 장애물, 임무 상황을 중첩하여 표시함으로써 더욱 역동적이고 현실적인 훈련 환경을 조성할 수 있다. 특히 도시전이나 대테러 작전과 같은 복잡한 환경의 훈련에서는 민간인과 적군을 구분하는 훈련, 인질 구출 작전, 폭발물 제거 등의 고난도 임무를 안전하게 반복 수행할 수 있어 실전 대응력을 크게 향상시킬 수 있다.

AI 무기 체계와 군사훈련

AI 기술의 군사훈련 도입은 법적·제도적 문제를 수반한다. AI 무기 체계를 활용한 군사훈련은 기존의 규제 및 향후 등장할 수 있는 AI 관련 법적 규제에 저촉될 수 있다. 현재 전 세계적으로 AI 윤리와 안전성에 대한 논의가 활발히 진행되고 있으며, 특히 AI의 군사적 활용에 대해서는 더욱 엄격한 규제가 예상되고 있다. 자율 무기 체계의 경우, 국제인도법과 관련된 복잡한 법적 쟁점들이 제기되고 있으며, 이러한 규제 동향이 군사훈련 분야에도 영향을 미칠 가능성이 높다. 따라서 AI 기반 군사훈련을 위한 특례 조항 등의 법률적 기반을 선제적으로 마련해야 한다.

그 이유는 다양한 안전 규제, 기술 규제 때문이다. 예를 들어 드론 훈련 시 비행 허가 등 다양한 절차가 필요하며, 드론 대응에 사용하는 재밍(jamming) 기술은 전파법상 전파 차단 장치 사용의 법적 근거가 명확하지 않아 훈련 적용에 어려움이 존재한다. 전파법에서는 통합방위법, 군사기지 및 군사시설 보호법 등에 따른 국가 안전 보장 목적의 군사 활동에서 전파 차단 장치를 사용할 수 있다고 하는데(제29조 제3항 제2호), 그럼 훈련 상황에서도 사용할 수 있는지가 문제이기 때문이다.

또한 현행 항공안전법에 따르면 무인 항공기 운용을 위해서는 비행 승인, 조종자 자격 증명, 기체 등록 등의 복잡한 절차를 거쳐야 하는데, 이러한 법 규정과 절차가 군사훈련의 신속성과 유연성을 저해하는 요소로 작용하고 있다.

향후 AI 기반 표적 식별 시스템이나 자율 요격 시스템의 경우, 오작동 시 발생할 수 있는 부수적 피해에 대한 책임 소재가 불분명하여 실전 배치 전 충분한 훈련이 어려운 상황이다. 따라서 AI 기술을 활용한 군사훈련이나 군사훈련장 운영에 관한 별도의 규정이나 특례 제정을 통해 현행 법령의 제한이나 공백을 합리적으로 조정할 필요가 있다.

특히 현재 군사 운용에 대한 구체적인 군사훈련 조항이 없는 한국의 상황을 고려할 때, 군사훈련 관련 별도의 법률을 제정(군사 활동 전반을 규율하는 것도 고려할 필요가 있음)하여 군사훈련의 개념과 범위, AI 등 첨단기술 활용 특례, 책임 문제, 주민 피해 방지 및 보상 방안을 명확히 규정할 필요가 있다. 이러한 법률에는 AI 기반 훈련 시스템의 안전성 검증 기준, 오작동 시 대응 절차, 데이터 보안 및 개인 정보 보호 방안, 훈련 결과의 활용 범위와 한계 등이 구체적으로 명시되어야 한다. 또한 훈련장 주변 지역의 전자기파 영향 평가, 소음 기준 완화, 환경 영향 평가 특례 등을 통해 첨단 훈련 시스템 도입을 촉진하면서도 주민 피해를 최소화할 수 있는 법적 토대를 마련해야 한다. 나아가 민간기업체와의 협력을 통한 기술 개발 및 도입 과정에서의 보안 관리, 기술 이전 절차, 지식재산권 보호 등에 관한 세부 규정도 함께 정비되어야 할 것이다.

이러한 포괄적인 법 제도 개선과 함께 국제적인 AI 군사 활용 규범과의 조화, 동맹국과의 표준화된 훈련 체계 구축, 그리고 지속적인 기술 발전에 대응할 수 있는 유연한 법적 체계 마련이 병행되어야 미래 군사훈련 체계의 안정적 발전을 도모할 수 있을 것이다.

참고문헌

김권일(2018). "군사시설 건설과 운영에 관한 공법적 연구". 충남대학교 박사학위논문.

최진용 외(2019). "4차 산업혁명 시대의 방위산업 발전 방향 세미나 자료집". 한국방위산업연구원.

05
AI와 경계 시설

군사기지 · 군사시설의 법적 정의와 판례상 범위를 확인하고, 'AI 자율 경계 체계'가 군사시설(또는 국방 · 군사시설)에 포함될 수 있는지를 검토한다. 아울러 'AI 자율 경계 체계'의 민간인 피해 발생 시 국가배상 등의 쟁점을 살펴본다.

AI 콘텐츠 크리에이터?

군사시설과 군사기지

'군사시설'에 대한 주요 법률로 군사기지 및 군사시설 보호법, 국방·군사시설 사업에 관한 법률이 있다.

군사기지 및 군사시설 보호법은 '군사기지'와 '군사시설'에 대하여 정의하고 있다. '군사기지'는 군사시설이 위치한 군부대의 주둔지·해군 기지·항공 작전 기지·방공(防空) 기지·군용 전기 통신 기지, 그 밖에 군사작전을 수행하기 위한 근거지를 말한다(제2조 제1호). 기본적으로 군사기지는 군사시설이 위치한 군부대 주둔지를 의미한다. 좀 더 구체적으로 살펴보면, 물적 개념인 군사시설과 인적 개념인 부대, 기관, 군인이 위치한 곳을 의미한다. 결국 군사기지의 개념을 파악하기 위해서는 군사시설 개념이 기본적으로 전제되어야 한다.

이 법에서 '군사시설'은 "전투 진지, 군사 목적을 위한 장애물, 폭발물 관련 시설, 사격장, 훈련장, 군용 전기 통신 설비, 군용 통신 시설, 대공 방어 시설, 군용 부두 및 전쟁 장비·물자의 연구·생산·저장 시설과 같이 군사 목적에 직접 공용(供用)되는 시설"이라고 정의한다(제2조 제2호 및 같은 법 시행령 제2조).

하급심 판례(서울행정법원 2006.12.5. 선고, 2006구합17383 판결)에서는 '군사시설'의 설치 없이 군사작전을 수행하기 위하여 임시로 병력이 숙영하는 장소도 군사기지 및 군사시설 보호법의 적용을 받는 '군사기지'라고 하였다.

나아가 대법원 판례는 '부대 주둔지'라는 개념에 대하여 "현재 부대가 주둔하고 있는 구역뿐만 아니라 부대 주둔지로 사용하기 위한 시설 공사 등이 구체적이고 확정적으로 준비 또는 진행되고 있는 구역도 포함된다"고 한다(대법원 2010.10.14. 선고, 2008다86249 판결).

가장 큰 차이점은 군사시설은 물적 요소인 시설 등이 존재해야 하는 반면, 군사기지는 병력 등의 인적 요소만으로도 군사작전을 수행하기 위한 근거지로서 개념을 충족시킬 수 있다(김혁중, 2013).

국방·군사시설 사업에 관한 법률은 '국방·군사시설'이라는 용어를 사용하면서 ① 군사작전, 전투 준비, 교육·훈련, 병영 생활 등에 필요한 시설, ② 국방·군사에 관한 연구 및 시험 시설, ③ 군용 유류(油類) 및 폭발물의 저장·처리 시설, ④ 진지(陣地) 구축 시설, ⑤ 군사 목적을 위한 장애물 또는 폭발물에 관한 시설, ⑥ 대한민국에 주둔하는 외국 군대의 부대시설(部隊施設)과 그 구성원·군무원·가족의 거주를 위한 주택 시설 등 군사 목적을 위하여 필요한 시설, ⑦ 그 밖에 군부대에 부속된

시설로서 군인의 주거 · 복지 · 체육 또는 휴양 등을 위하여 필요한 시설(제2조 제1호)로 정의하고 있다.

AI와 군사시설(자율 경계 군사시설)

'자율 경계 군사시설(Autonomous Sentry Military Installation)'이란 AI 기술을 핵심으로 하여 경계, 감시, 식별, 그리고 필요 시 타격까지의 임무를 인간의 직접적인 개입 없이 또는 최소한의 개입만으로 자율적으로 수행하는 새로운 개념의 군사시설이다. 다만 자율 경계 군사시설은 법적으로 널리 사용되는 용어가 아니라 군사시설과 AI 기술의 접목에 대한 법적 개념 등을 설명하기 위하여 만들어 낸 개념이다.

군사시설은 일반적으로 건축물이나 철책이나 장애물과 같은 방어 설비를 의미하는데, 자율 경계 군사시설은 카메라나 레이더, 음향 탐지기 등과 같은 센서를 통해 주변 환경 정보를 수집하고, AI 알고리즘이 이 데이터를 분석하여 위협 상황을 스스로 인지하고 평가한다. 그리고 경고나 수하(誰何), 무력화, 또는 사살과 같은 대응 조치를 자율적으로 결정하고 실행할 수 있는 능력을 갖춘 시스템을 의미한다.

자율 경계 군사시설은 인간이 시스템을 설치하고 전

반적인 작전 목표와 교전 규칙을 설정하지만, 실제 현장에서 구체적인 판단과 행동은 AI 시스템에 의해 자율적으로 수행된다. 물론 이를 인간이 통제할 수도 있다.

이러한 시설은 고정된 포탑 형태일 수도 있고, 특정 구역 내를 순찰하는 이동형 로봇의 형태로도 나타날 수 있는데, 기능 측면에서 바라본다면 시설이라기보다는 무기 체계에 가깝다고 볼 수 있다. 그렇다면 무기 체계이기에 군사시설이 아닐 수도 있다는 의문이 들 수 있다. 무기와 시설은 확연히 다른 것이기 때문이다.

그러나 과거 종말 단계 고고도 지역 방어 체계인 사드(THAAD, Terminal High Altitude Area Defense) 체계가 이동 가능한 무기 체계임에도 불구하고, 성주 기지에 배치됨으로써 '군사시설'로 간주된 사례가 있었다.

이 사례를 살펴보면 사드 체계가 배치된 곳이 "대한민국에 주둔하는 외국 군대의 부대시설과 그 구성원 · 군무원 · 가족의 거주를 위한 주택 시설 등 군사 목적을 위하여 필요한 시설(제2조 제1호 바목)"이므로 국방 · 군사시설 사업에 관한 법률이 말하는 국방 · 군사시설이라고 보았다.

그러나 국방부는 이를 부인하였다. 국방부의 민원 회신에서 사드 체계 배치는 한국 정부가 아니라 미국 측의 예산으로 시설을 설치하는 것이기 때문에 국방·군사시설 사업에 관한 법률이 적용되지 않는다고 설명했다. 그러나 이는 사드 체계가 국방·군사시설인지에 대한 해석이 아니라 단지 국방·군사시설 사업에 관한 법률의 적용 여부에 대한 것이기 때문에 국방부가 명확하게 사드 체계를 국방·군사시설로 보지 않는다고 볼 수는 없다.

그런데 추후 국방부는 사드 체계 배치 부지에 대한 환경 영향 평가를 실시하고, 사드 기지 내에서 사드 체계 운용을 위한 보완 공사, 연료 공급 및 주둔 장병들을 위한 편의 시설 공사를 진행한다고 인정하였다. 공식적으로 국방·군사시설에 해당한다고 인정하지는 않았으나, 병영 공사를 실시하였고, 환경 영향 평가 등을 실시한 걸 보았을 때, 사드 체계 배치 부지를 국방·군사시설로 판단할 수 있다.

이러한 사례에 비추어 법리적으로 본다면 무기 체계로 볼 수 있는 자율 경계 군사시설을 '군사시설'로도 볼 수 있다는 것이다.

보호구역과 국가배상

자율 경계 군사시설은 군사기지 및 군사시설 보호법상

군사시설에 해당하므로 이 주변을 보호구역으로 지정할 수 있다. 군사기지 및 군사시설 보호구역으로 지정할 경우, 최소한의 범위 안에서 지정(군사기지 및 군사시설 보호법 제3조)해야 하지만 이와 더불어 자율 경계 군사시설의 작동 범위를 고려하여 보호구역을 지정할 필요도 있다. 예를 들어 자율 경계 군사시설의 탐지 거리 및 공격 가능 거리를 고려하여 제한 보호구역 및 통제 보호구역으로 지정하는 것이다. 다시 말해 자율 경계 군사시설의 활동 범위가 상당히 넓다면 제한 보호구역 및 통제 보호구역 설정 범위 내로 자율 경계 군사시설의 활동 범위를 정하여 보호구역을 설정하고, 자율 경계 군사시설의 활동 범위가 제한 보호구역 및 통제 보호구역 설정 범위 안에 속하면, 그 영역에 대하여 보호구역을 설정하면 될 것이다.

자율 경계 군사시설의 공격 가능 범위에는 민간인의 접근을 차단하는 것이 안전 문제에 있어 바람직하기 때문에 이를 고려한 보호구역 등의 지정이 필요하다.

자율 경계 군사시설의 법적 근거 논란에도 불구하고, 이에 대한 운영이 빠른 시일 내에 이루어질 수 있다. 자율 경계 군사시설의 대다수가 DMZ같이 민간인의 출입이 제한된 곳에 설치·운영될 테지만, 그렇다고 자율 경계 군사시설로 인한 피해가 아예 발생하지 않을 거라고 장담할 수 없다. 도심과 인접한 군사기지의 경계(警戒)를 위하여 설치될 경우, 민간인의 피해가 발생할 우려도 있다. 이러한 상황에서 발생할 수 있는 국가배상의 문제를 살펴보고자 한다.

앞서 군견과 견마 로봇과 관련에서 살펴본 국가배상법의 문제와 같다.

먼저 국가배상법 제2조의 적용은 자율 경계 군사시설이 공무원이나 공무를 위탁받은 사인에 해당하는지를 확인하여야 한다. AI 자율 무기 체계는 수하를 하고 무기도 사용할 수 있다고 한다. 군인의 지위 및 복무에 관한 기본법에 따라 초병은 수하 등에 불응하는 상황에서 무기를 사용할 수 있다. 그러나 AI 자율 무기 체계가 수하를 할 수 있다고 하여도, 초병은 "경계를 그 고유의 임무로 하여 지상, 해상 또는 공중에 책임 범위를 정하여 배치된 사람"(군형법 제2조 제3호)이기에 AI 자율 무기 체계를 초병이라고 볼 수 없다.

따라서 국가배상법 제2조의 적용은 제한된다고 할 것이다.

국가배상법 제5조 제1항에 따르면 경계라는 군사적인 목적을 위하여 설치된 자율 경계 군사시설은 영조물에 해당한다고 볼 수 있다. 다만 자율 경계 군사시설에 포함된 AI 기술은 더 복잡하고, 결과만 확인할 수 있을 뿐, 과정에 대하여 설명할 수 없는 경우도 존재하기에 물리적·외형적 흠결의 여부에 대하여 판단하기 어려울 수 있다. 그러나 자율 경계 군사시설에 의하여 민간인이 다칠 우려가 존재한다면 기술 수준상 부득이하다고 해도 그 책임을 인정할 수밖에 없을 것이다.

한편, 앞서 살펴본 바와 같이 자율 경계 군사시설이 설치되는 지역은 군사시설 보호구역 등으로 지정되어 대부분 일반인의 출입이 통제될 것이다. 만일 출입이 제한된 군사시설 보호구역을 설정하는 등의 방호 조치 의무를 다한다고 한다면 피해자가 자율 경계 군사시설에 의하여 피해를 입었을 경우, 피해자도 일정한 과실이 있다고 할 것이다.

참고문헌

김권일(2018). "군사시설 건설과 운영에 관한 공법적 연구". 충남대학교 박사학위논문.

김민배(2019). "AI 로봇의 법적 지위에 대한 쟁점과 과제 – Bryson 등의 법인격 이론을 중심으로". 《토지공법연구》, 87, 807쪽.

김혁중(2013). "국가안전보장과 주민의 참여 : 군사시설의 조성·운영을 중심으로". 《저스티스》, 134(3).

이상철(2009). 《국방행정법원론》. 도서출판 봉명.

06
AI와 국방 연구 개발

방위사업법, 국방과학기술혁신 촉진법 등 현행 국방 연구 개발 법 제도 현황과 AI 국방 연구 개발의 특수성을 분석하여 AI 기술의 독특한 특성을 반영한 연구 개발 체계 구축 방안을 살펴본다.

AI와 민주주의?

국방 연구 개발 법 제도

무기 체계는 유도 무기 · 항공기 · 함정 등 전장(戰場)에서 전투력을 발휘하기 위한 무기와 이를 운영하는 데 필요한 장비 · 부품 · 시설 · 소프트웨어 등 제반 요소를 통합한 것 등을 의미한다(방위사업법 제3조 제3호).

방위사업법은 무기 체계의 구매 및 신규 개발 · 성능 개량 등을 포함한 연구 개발과 이에 수반되는 시설의 설치 등을 행하는 사업인 방위력 개선 사업, 방위 산업 육성, 군수품 조달 등을 규정하고 있다.

방위사업법이 주된 법률이지만, 2020년 국방과학기술혁신촉진법이 제정되어 국방 R&D 사업에 관한 사항을 규정하고 있다. 이 법은 기존 방위사업법에 산발적으로 규정되어 있던 국방 연구 개발 사업 부문을 분리 · 세분화하고, 국가 R&D 전반을 아우르는 국가연구개발혁신법의 일반적인 국가 R&D 사업과 달리 국방 분야 R&D의 특수성을 반영한 별도 법적 틀을 마련함으로써 체계적이고 원활한 국방 연구 개발 사업 추진을 도모하고자 한 것이다.

국방과학기술혁신촉진법의 주요 내용은 다음과 같다. 먼저 협약 제도의 도입이다. 그간 국방 R&D 사업은 정부(방위사업청 등)와 업체 간에 계약 방식으로 추진되어 왔는데, 계약 법령 적용으로 인한 경직성 문제가 제기되었다. 이에 국방과학기술혁신촉진법에서는 R&D 수행을 계약이 아닌 협약으로 체결할 수 있는 근거를 마련하여 민간과 정부 간 유연한 협력이 가능하도록 했다. 협약은 정부가 일방적으로 연구비를 출연하는 형태로, 국가계약법 등의 적용을 배제하고 행정법 관계로 운영됨으로써 R&D 수행 중 과도한 지체상금이나 제재를 완화하는 효과가 있다.

또한 성실수행인정제도를 도입했다. 연구 개발이 실패하거나 중단되더라도 연구자가 성실히 노력한 경우에는 참여 제한 및 연구비 환수 등의 제재를 경감할 수 있도록 규정한 것이다. 이는 국방 R&D의 고난이도 · 고위험성을 고려한 조치로서 실패를 두려워하지 않고 도전적 연구를 수행할 수 있는 환경을 조성하려는 취지다.

나아가 국방 R&D 결과물의 지식재산권 공유를 허용하였다. 종전에는 국방 분야에서 나온 특허 등 지식재산은 국가가 단독 소유했으나, 신법은 이를 정부와 참여 업체의 공동 소유로 할 수 있게 변경하여 우수한 민간 기술의 국방 참여 유인을 높였다. 이로써 방산 중소기업이나 스타트업이 국방 R&D에 적극 참여해도 사업화 이익을 공유할 수 있게 된 것이다.

이밖에도 이 법률은 미래 안보 환경에 대비한 선제적 기술 개발을 강조한다. 예컨대 미래도전국방기술 연구개발 개념을 도입하여 현재 군이 명시적으로 요구하지 않더라도 미래 전장에 필요한 첨단 기술을 선행 연구할 근거를 마련하였다. 인공지능, 무인 체계, 우주 · 사이버 기술 등 미래 전력 핵심 기술 분야를 선도적으로 투자할 수 있는 법적 기반이 확보된 셈이다. 또한 국방 R&D 수행 과정에서 산출된 성과의 활용 및 민간 이전을 촉진하기 위해 시제품의 추가 개발 · 실용화를 지원하고, 성과 평가와 환류 체계를 규정하여 R&D 품질을 높이도록 하고 있다.

AI와 국방 연구 개발 특수성

2025년 1월 21일 제정되어 2026년 1월 22일 시행되는 인공지능 발전과 신뢰 기반 조성 등에 관한 기본법, 약칭 인공지능기본법은 국방 또는 국가 안보 목적으로만 개발 · 이용되는 인공지능에는 적용되지 않는다고 규정하고 있다(제4조 제2항).

인공지능기본법이 예외로 둔 국방 AI에 관한 별도의 법률상 규정은 찾아보기 어렵다. 일반적인 국방 연구 개발이나 획득 절차를 따를 수밖에 없는 것이다.

그런데 AI 기술은 기존 무기 체계와 달리 독특한 연구개발 특성을 갖고 있다. 첫째, AI 시스템의 불확실성과 예측 불가능성이다. 전통적인 무기 체계는 물리적 법칙에 기반하여 예측 가능한 성능을 보이는 반면, AI는 학습 데이터와 알고리즘에 따라 예상치 못한 결과를 도출할 수 있다. 이는 기존의 정형화된 시험 평가 기준으로는 AI 무기 체계의 성능과 안전성을 충분히 검증하기 어렵다는 것을 의미한다. 둘째, AI의 학습 기반 특성으로 인한 평가의 복잡성이다. AI 시스템은 지속적인 학습을 통해 성능이 변화하므로 특정 시점의 시험 결과가 실전 환경에서 성능을 보장하지 못할 수 있다. 특히 적대적 환경에서 AI가 예상과 다른 행동을 보일 가능성은 기존 시험 평가 체계로는 포착하기 힘든 위험 요소다. 셋째, 윤리적·법적 기준의 모호성이다. AI 무기 체계가 자율적 판단을 통해 작전을 수행할 때 발생할 수 있는 민간인 피해나 비례성 위반 등의 문제를 사전에 평가하고 방지할 수 있는 시험 평가 방법론이 아직 확립되지 않았다. 이러한 특수성으로 인해 기존 방위사업법상의 시험 평가 체계만으로는 AI 무기 체계의 안전성과 효과성을 충분히 보장하기 어려우며, AI 기술의 특성을 반영한 새로운 평가 기준과 방법론의 개발이 시급한 상황이다.

AI와 국방 연구 개발 활성화

AI 기술이 미래 전장의 핵심 요소로 부상함에 따라 국방 분야에서 AI 연구 개발 활성화는 국가 안보 차원에서 필수적인 과제가 되었다. 먼저 안보 환경의 급속한 변화에 대응하기 위한 선제적 기술 확보가 요구된다. 미국과 중국이 AI를 활용한 무인 체계, 지능형 감시 정찰, 사이버전 등 차세대 전력 개발에 집중하고 있는 가운데, 북한 또한 핵미사일의 고도화뿐 아니라 극초음속 미사일, 군사 정찰위성, 무인정찰기 등 첨단 군사기술 확보에 주력하고 있다(하태정, 2025). 이러한 상황에서 우리도 기술 격차 해소와 비대칭 전력 확보를 위해 AI 중심의 국방 연구 개발에 적극 투자해야 한다. 국방과학기술혁신촉진법에서 미래 도전 국방 기술 개념을 도입한 것도 이러한 필요성을 반영한 것이다.

또한 민간의 첨단 AI 기술을 국방 분야로 유입하기 위한 제도적 기반 마련이 시급하다. AI 기술은 민간 영역에서 빠르게 발전하고 있으나, 현행 국방 연구 개발 체계의 경직된 국방 획득 절차로 인해 민간기업체의 참여가 제한되어 왔다(하태정, 2024). 이는 민군 협력 활성화의 주요 장애물로 작용하고 있다. 국방과학기술혁신촉진법에서 도입한 협약 제도와 지식재산권 공유 방안은 민간의 우수한 AI 역량을 국방에 연결하는 중요한 수단이 될 수 있다. 또한 미국 DIU 모델을 참고한 국방기술혁신원(K-DIU)의 설립과 민군 융합형 제2의 ADD(AI for Defense Development)의 창설 등을 통해 민간과의 기술 협력 및 신속한 기술 도입을 더욱 활성화해야 한다(하태정, 2025).

나아가 AI 연구 개발의 고위험성을 고려한 연구 환경 조성이 필요하다. AI 기술 개발은 본질적으로 높은 불확실성과 실패 가능성을 내포하고 있어, 연구자들이 실패를 두려워하지 않고 도전적이고 창의적인 연구를 수행할 수 있는 환경 조성이 중요하다. 그러나 현재 국방과학연구소 중심의 독점적 구조는 이러한 도전적 연구 환경을 저해하고 있다(하태정, 2024). 이를 위해 성실수행인정제도의 적극적 활용과 함께 군 기술 연구소의 설립 등을 통해 AI 특성에 맞는 연구 평가 체계의 개선이 뒷받침되어야 한다(하태정, 2025).

마지막으로 AI 기술 중심의 융합·개방형 국방 연구 개발 체계를 구축해야 한다. 이를 위해 도전·혁신형 국방 연구 기관(K-DARPA)의 설립, 국방 연구 개발 거버넌스의 국방부 중심 전환, 그리고 AI 기반의 국방 연구 개발 활성화를 위한 국방과학기술기본법의 제정 등 법적 · 제도적 기반 강화가 필요하다(하태정, 2024; 하태정, 2025).

이처럼 AI 국방 연구 개발 활성화는 미래 안보 역량 확보와 기술 주권 확립을 위한 핵심 과제로서 관련 법제도의 지속적 개선과 함께 체계적이고 전략적인 접근이 요구된다.

참고문헌

김권일(2023). “국방연구개발 과정에서의 윤리적 법적 쟁점”. 법이론실무학회 세미나 발표문.

박문언(2024). “자율무기체계와 지휘책임”. 《서울국제법연구》, 31(2).

하태정(2024). “미래전 대응 융합·개방형 국방연구개발체계 발전 방안”. 《STEPI Insight》, 328.

하태정(2025). “안보 불확실성 시대 신정부 국방혁신 과제”. 《STEPI Insight》, 345.

07

AI와 사이버 안보

국방 분야의 AI 기술 도입이 가속화되면서 전통적인 군사기밀 보호 체계는 새로운 도전에 직면하고 있다. AI 서비스 사용으로 인한 의도치 않은 기밀 유출, AI 알고리즘 자체에 대한 사이버 공격, AI 보조 결정의 법적 책임 소재 등 새로운 유형의 보안 위협이 등장하면서 현행 법체계의 한계가 드러나고 있어 AI 시대 사이버 안보를 위한 법적 과제를 살펴본다.

AI와 애니메이션?

군사기밀보호법과 사이버 안보 법제

군사기밀이란 "일반인에게 알려지지 아니한 것으로서 그 내용이 누설되면 국가 안전 보장에 명백한 위험을 초래할 우려가 있는 군(軍) 관련 문서, 도화(圖畫), 전자기록 등 특수 매체 기록 또는 물건으로서 군사기밀이라는 뜻이 표시 또는 고지되거나 보호에 필요한 조치가 이루어진 것과 그 내용"을 말한다(군사기밀보호법 제2조 제1호).

군사기밀은 형태도 특정되고, 군사기밀이라는 뜻을 표시하는 등 보호에 필요한 조치가 이루어진 것을 포함하여 복잡한 요건을 지니고 있다. 물론 이러한 정의는 디지털 형태의 정보까지 포괄하여 사이버공간에서 처리되는 군사정보도 보호 대상으로 하고 있다는 점에서 의미가 있다. 그러나 우리나라의 사이버 안보와 관련한 법률은 군사기밀보호법, 정보통신기반보호법, 군형법 등 다양하게 구성되어 있어 통합적 대응에 한계를 보이고 있다. 각 법령이 고유한 보호 영역을 가지고 있음에도 불구하고, 사이버공간의 특성상 발생하는 복합적 위험에 대해서는 효과적인 대응이 어려운 상황이다.

특히 정보화 시대의 새로운 침해 양상에 대응하기에는 현행 법체계가 한계를 드러내고 있다. 과거에는 물리적 접근이 필요했던 군사기밀 탐지가 이제는 위성사진이나 온라인 정보를 통해 가능해졌으며, 전역자 등이 인터넷에 올린 정보를 통해 군사시설 관련 기밀이 파악되는 새로운 유형의 정보 유출이 나타나고 있다. 이러한 변화된 환경에서 현행 법체계만으로는 효과적인 규율이 어렵다는 지적이 제기되고 있다.

정보통신기반보호법의 경우에도 국방 분야의 통신망과 군사 데이터베이스 등을 주요 정보 통신 기반 시설로 지정하고 있지만, 주로 민간 부문이나 일반 행정 영역을 전제로 설계되어 있어 군사기밀의 엄정한 보호나 군사 조직 특유의 보안 요건을 충분히 반영하지 못한다는 한계가 있다. 군형법의 엄중한 처벌 규정 역시 사이버공간에서의 새로운 형태의 기밀 유출에 대한 대비가 충분한지에 대해서는 지속적인 검토가 요구되는 상황이다.

AI 도입에 따른 새로운 사이버 안보 쟁점

AI 기술의 국방 분야 도입은 필연적 흐름이지만, 이에 따른 새로운 보안 문제가 나타나고 있다. 무엇보다 AI를 활용한 기밀 관리 과정에서 발생할 수 있는 오류의 위험성이 제기되고 있다. 방대한 군사 데이터 중에서 기밀에 해당하는 정보를 AI가 자동으로 분류하는 시스템이 개발되고 있으나, 오류 발생 시 민감 정보가 잘못 공개되거나 반대로 필요 이상으로 정보 이용이 제한될 위험이 존재하기 때문이다.

현행 군사기밀 보호 체계는 인간 담당자의 기밀 지정과 해제, 검열 등에 기초하고 있는데, AI 보조를 받게 될 경우에 법적 책임의 소재를 보다 명확히 할 필요가 있다. 미국을 위시한 선진국에서는 AI의 결정에 대해 최종 책임은 인간에게 있다는 원칙이 강조되고 있어, 우리나라도 AI 보조 결정에 대한 지휘관과 담당자의 책임 범위를 규정하거나 최소한 명확한 가이드라인을 마련해야 한다.

AI 알고리즘 자체의 보안 문제도 중요한 쟁점으로 부각되고 있다. NATO 보고서에서는 군사작전에 사용되는 데이터베이스의 보안을 보장하기 위한 지침과 권고 사항 개발의 필요성을 제기하며, 적이 AI 네트워크를 조작하거나 침입하지 못하도록 하는 인지 보안 프로그램 개발을 강조하고 있다. 이는 AI가 아군의 군사정보를 처리하는 과정 자체도 적대적 공격으로부터 보호되어야 함을 의미한다.

더욱 심각한 문제는 AI 서비스 사용으로 인한 기밀 유출 위험이다. 최근 민간기업체에서 개발자가 챗지피티

(ChatGPT)와 같은 공개 AI 서비스에 소스 코드를 입력했다가 기업 비밀이 외부로 유출될 뻔한 사건이 발생한 바 있다. 군사 분야에서도 장병이나 군무원이 편의를 위해 AI에 업무 정보를 질의하는 경우가 생길 수 있으며, 이에 대한 적절한 통제가 없다면 자칫 군사기밀을 AI에 입력하여 외부 클라우드 서버에 업로드하는 실수가 발생할 수 있다.

군은 이러한 위험을 인지하여 외부망이 연결된 단말에서 군사 자료를 취급하지 못하도록 내부 규정을 강화하고 있는 것으로 알려져 있으나, 체계적인 보완책의 마련이 필요하다.

사이버 안보 법제 마련

기밀 유출이나 사이버 공격을 대비하기 위하여 최근 사이버안보법 제정이 논의되고 있다. 사이버안보법은 범정부 차원에서 공공과 민간 부문을 아우르는 사이버 보안 거버넌스를 확립하고, 각 분야의 역할과 대응 체계를 하나의 법률로 통합하려는 시도다. 제20대 국회에서 정부를 비롯하여 여러 의원들이 관련 법안을 발의하였으나 임기 만료 폐기되었고, 제21대 국회에서는 관련 법안은 없지만 2025년 SK텔레콤의 유심(USIM) 정보 해킹 사고 이후 이와 관련된 법안이 재논의될 가능성이 높다.

사이버안보법이 제정된다면 군사기밀 보호와 군사시설 사이버 보안에 관해서도 보다 명확한 제도적 뒷받침이 기대된다. 예컨대 현재 군사기밀보호법으로는 대응하기 어려웠던 위성사진을 통한 기밀 노출 문제 등에 대해 사이버안보법을 근거로 정부 차원의 통합적 대응 정책을 마련할 수 있을 것이다.

또한 AI 도입에 따른 새로운 법적 과제들을 해결하기 위해서는 선제적인 입법 조치가 필요하다. AI를 사용한 기밀 처리나 보안 등에 관한 규정도 마련할 필요가 있다. 아울러 AI 도입에 따른 윤리적 · 법적 책임 프로토콜을 수립하여 현장에서 혼선 없이 기술을 활용하면서도 기밀이 안전하게 지켜지도록 하는 것이 중요하다.

결론적으로 AI 시대의 사이버 안보는 국가 안보와 직결되는 핵심 분야이므로 선진국들의 경험을 참고하면서도 한국적 안보 환경에 맞는 독자적 법체계를 수립하는 것이 중요하다. 지금까지 논의된 여러 과제를 토대로 빠른 시일 내에 사이버안보법이 제정되고, 국방 법체계 전반에서 AI 시대에 부응하는 법적 기반이 마련되기를 기대한다. 이를 통해 우리 군이 AI 시대에도 흔들리지 않는 기밀 보호와 정보 우위를 달성할 수 있을 것이다.

참고문헌

김권일(2024). “과학기술군 이행 법적 시사점”. 《KIDA 이슈페이퍼》.

김도승(2021). “사이버안보 법제의 입법 동향과 향후 과제”. 《과학기술과 법》, 12(1).

NATO(2021). “Summary of the NATO Artificial Intelligence Strategy”.

08
AI와 전시 민간 협력

과거에는 국가와 무기 공장 등이 전시 상황에서 힘을 합쳐 싸웠다면 이제 플랫폼 기업과 AI 기업들이 전시 국가를 위해서 역할을 해 주어야 할 때다. 전시 상황에서 AI 기업과 군의 협력이나 AI 기업을 동원할 수 있는 법적 근거 등을 동원 관련 법제를 통해 알아본다.

AI와 인재 채용?

동원 관련 법령

현행 동원 관련 법률은 크게 평시 준비 단계와 전시 동원 단계로 구분된다. 평시에는 비상 대비에 관한 법률이나 병역법 등이 핵심적 역할을 하며, 전시에는 여러 동원 법률들이 적용된다.

비상 대비에 관한 법률은 국가비상사태에 대비하여 필요한 자원을 평시에 미리 파악하고 관리하는 체계를 규정하고 있다. 이 법에 따르면 비상 대비 자원은 인력 자원, 물적 자원 등으로 분류되며, 각각에 대한 지정 · 관리 · 동원 절차가 비교적 상세히 규정되어 있다. 예를 들어 물적 자원의 종류를 보면, 물자로 무기와 같은 군용 물자를 비롯하여 식품 · 음료 및 담배, 공산품, 자동차, 비료와 사료를 비롯하여 물의 사용권, 광업권 · 조광권 · 어업권 · 특허권 및 실용신안권까지 규정하고 있다.

그러나 이 법은 인력 · 물적 자원을 지정 · 비축하는 것까지만 규정하고, 어떻게 동원할 것인지는 전혀 다루지 않는다. 구체적인 동원 방법은 행정부가 사전에 만들어 둔 전시대기법(안)이라는 형태로 규정되어 있다. 이러한 전시대기법(안)에 대하여 의회를 거치지 않는 '준비된 긴급명령'이라는 점에서 민주적 통제에 배치된다는 의견도 있다.

참고로 동원은 계획된 자원을 전시에 사용한다는 것이지만, 비교 개념인 징발은 계획되지 아니한 자원을 전시에 사용한다는 것을 의미한다. 징발에 관한 것은 징발법에 규정되어 있다.

AI 관련 민간의 능력

현행 AI 기술의 군사적 활용 범위는 정보의 수집, 처리, 분석, 판단 등 현대 전쟁에서 요구되는 핵심 영역을 포괄한다. 민간에서 개발된 AI 기술들은 대부분 범용성을 갖고 있어 적절한 데이터 학습과 알고리즘 조정을 통해 군사적 목적으로 전환이 가능하다. 특히 머신러닝과 딥러닝 기술은 패턴 인식, 예측 분석, 자동화 시스템 구현 등 다양한 군사 분야에 직접 적용되어 전쟁 수행 방식 자체를 혁신할 수 있는 잠재력을 갖고 있다.

정보 수집 및 분석 분야에서는 민간기업체들의 빅데이터 분석 기술과 자연어 처리 기술이 활용될 수 있다. 네이버(Naver) 등 대형 플랫폼 기업들이 보유한 검색 엔진과 추천 알고리즘 기술은 방대한 정보 속에서 핵심 정보를 신속하게 추출하는 데 활용되어 전장 상황에서의 신속한 정보 처리와 의사 결정 지원에 기여할 수 있다. 또한 이미지 인식과 영상 분석 기술은 위성사진 분석, 무인기 촬영 영상 분석, 적 시설 식별 등에 활용되어 정찰 및 감시 능력을 향상시킬 수 있다.

사이버 방어 및 공격 분야에서는 민간 보안 업체들이 개발한 AI 기반 위협 탐지 시스템, 악성 코드 분석 도구, 침입 차단 시스템 등이 군사 네트워크 보안에 직접 활용될 수 있다. 특히 제로데이 공격(Zero-Day Attack)과 같은 신종 사이버 위협에 대응하기 위해서는 AI의 학습 능력과 패턴 인식 능력이 필수적이며, 민간기업체들이 축적한 사이버 위협 데이터베이스와 대응 노하우는 군사 사이버 방어 체계 구축에 핵심적 역할을 할 수 있다.

자율 무기 체계 분야에서는 현대차그룹이나 네이버, 카카오(Kakao) 등이 보유한 자율 주행 알고리즘과 센서 융합 기술이 지상 무인 체계 개발의 핵심 기술로 활용될 수 있다. 드론 관련 기업들의 기술은 더욱 직접적인 군사적 활용이 가능하며, 보스턴 다이내믹스(Boston Dynamics)의 로봇 기술, 아마존(Amazon)의 물류 로봇 기술 등은 군사 로봇 개발의 기반 기술로 활용 가능하다.

지휘 통제 및 의사 결정 지원 분야에서는 국방에 특화된 팔란티어 등의 서비스도 있지만 민간기업체들이 보유한 의사 결정 지원 시스템과 예측 분석 기술이 군사 지휘통제 체계에 직접 활용될 수 있다. 특히 금융 분야에서 발전된 리스크 관리 시스템과 실시간 의사 결정 지원 도구들은 전투 상황에서의 신속한 의사 결정에 도움을 줄 수 있으며, 게임 업계에서 개발된 시뮬레이션 기술과 AI는 군사훈련과 전술 개발에 활용될 수 있다.

전시 민관군 협력

현행 동원 법제는 전통적인 제조업 중심의 산업 구조를 전제로 설계되어 있어 AI 시대의 새로운 특성을 충분히 반영하지 못하고 있다. 소프트웨어, 알고리즘, 데이터베이스 등 AI 기술의 핵심 요소에 대한 동원 방법이 구체적으로 규정되어 있지 않으며, 플랫폼 기업과 클라우드 서비스에 대한 고려가 부족하다. 또한 기술의 급속한 발전 속도에 법제가 대응하지 못하고 있어 실제 동원 시 현실과 괴리가 발생할 가능성이 높다.

AI 기술의 효과적 동원을 위해서는 새로운 법체계 구축이 필요하다. AI 관련 동원 제도를 고려해 볼 필요가 있다. 이 제도에서 동원 대상 기업의 지정 기준, 동원 절차, 기업과 정부 간의 협력 방식, 기술 보안 방안 등을 종합적으로 규정해야 한다.

평시부터 AI 기술을 보유한 기업들과의 협력 체계를

구축할 수 있도록 해야 한다. 정부와 민간기업체 간의 기술 공유, 공동 연구 개발, 인력 교류 등을 체계적으로 추진할 수 있는 기반을 마련해야 한다.

AI 기술 동원 절차는 평시 준비 단계, 전시 단계로 체계화되어야 한다. 평시에는 AI 기술을 보유한 기업들에 대한 전수조사를 실시하고 기술 수준과 군사적 활용 가능성을 평가하여 등급을 부여해야 한다. 전시 단계로 넘어갈 때에는 신속한 동원을 위해 간소화된 절차를 마련하되, AI 기술의 특성상 원격 접근이나 클라우드 서비스 형태로 제공되는 점을 고려한 동원 방식을 법적으로 명확히 규정해야 한다. 또한 기업의 핵심 기술 유출을 방지하고 동원 후 원상 복구를 보장하는 방안을 마련해야 한다.

기술 보안과 기업 보호를 위해서는 철저한 기술 보안 체계를 구축하고, 동원된 기술에 대한 접근 권한을 최소화하며, 기술 사용 후 완전한 삭제를 보장하는 시스템을 마련해야 한다. 또한 동원으로 인한 손실에 대한 적절한 보상 체계를 구축하여 세제 혜택, 정부 사업 우선 참여권, 기술 개발 지원 등 다양한 형태의 인센티브를 제공하는 것이 필요하다.

미국의 국방물자생산법은 대통령에게 국가 안보를 위

해 민간 부문의 물자 생산과 공급을 통제할 수 있는 권한을 부여하고 있으며, 독일의 식품확보준비법은 긴급사태 시 식량 공급 확보를 위한 법적 기반을 제공하고 있다. 우리나라도 헌법에서 "국방상 또는 국민 경제상 긴절한 필요"로 인한 사영 기업의 경영 통제 또는 관리 근거를 두고 있으나, 이를 구체화한 법률이 부족한 상황이다. 따라서 전쟁을 대비하여 민간 자원을 활용할 수 있는 법적 체계를 마련하되, 기술 수준에 맞추어 점진적으로 준비하여야 할 것이다.

아울러 AI를 넘어서 국가적인 동원 문제에 있어서 국가 비상사태에는 통일적이고 체계적인 동원 집행이 가능해야 할 것이나, 개별 법률마다 동원 발동권자가 달라 체계를 마련하는 것이 필요하다. 이를 해소하려면 동원 관련(집행) 법률 또는 동원기본법의 제정이 필요하다.

참고문헌

김권일(2023). "전시 입법과 전쟁 대응에 대한 공법적 검토". 《공법연구》, 51(2).

김재호·김권일(2016). "전시동원(戰時動員)에 관한 법적 검토 – 전시대기법 및 동원 선포요건의 문제점을 중심으로 –". 《공법연구》, 45(1).

09
AI와 군사 의료

군은 또 하나의 사회라 불릴 만큼 독자적인 체제를 가지고 있으며, 그중 의료 분야도 자체적인 시스템과 법체계를 갖추고 있다. AI 기술의 발전으로 민간 의료 분야에 큰 변화가 일어나는 가운데, 군에서도 AI를 활용한 의료 혁신의 가능성이 주목받고 있다. 이를 둘러싼 법적인 쟁점을 살펴본다.

AI와 기자?

군사 의료에 관한 법 규정

우리나라의 보건 의료 부문은 보건의료기본법을 비롯하여 의료법, 국민건강보험법 등 다양한 법률로 구성되어 있다. 한편, 군의 보건 의료에 관하여 2012년 3월 21일 제정된 군 보건 의료에 관한 법률에서 규율하고 있다. 이 법률은 "군인 및 군무원의 건강한 군 생활을 위한 군 보건 의료 체계와 정책에 관한 사항을 규정함으로써 군인 등에게 양질의 보건 의료 서비스를 제공하고 군 보건 의료의 발전과 전력 증강에 이바지함을 목적"으로 한다(제1조).

이 법률은 "최상의 전투력 유지를 위하여 군인의 복무 중에 발생한 질병이나 부상에 대하여 적기에 진료를 받을 수 있도록 제도적 장치를 마련할 필요가 있다는 인식에 따라 국방부장관으로 하여금 군 보건 의료 발전 계획을 3년마다 수립 · 시행하도록 하고, 군 보건 의료에 관한 인력, 시설, 물자, 지식 및 기술 등 군 보건 의료 자원을 개발 · 확보하기 위한 종합적 · 체계적인 시책을 마련하도록 하며, 군의관 양성, 군 응급 의료 체계 구축, 군에서의 감염병 예방 · 관리, 군인 건강 검진 등에 필요한 사항을 정하는 등 군인의 질병과 부상에 대한 적절한 진료를 보장하고 건강 증진에 관한 사항을 규정함으로써 건강한 병영 생활을 통한 전력 증강에 이바지할 수 있도록 하"기 위하여 제정되었다.

군인의 지위 및 복무에 관한 기본법에서도 군인의 의료권 보장에 관한 규정을 두고 있다. "군인은 건강을 유지하고 복무 중에 발생한 질병이나 부상을 치료하기 위하여 적절하고 효과적인 의료 처우를 받을 권리가 있다"는 것이다(제17조). 나아가 이 법률에서는 지휘관에게 폭염 · 한파 등으로 인하여 특보가 발표되는 경우에는 "부대 활동에 제한이 없는 범위에서 적절하게 휴식하도록 하는 등 군인의 건강 및 보건과 관련된 조치를 취하여야 한다"고 규정하면서(제17조의3 제1항), 국방장관에게 "폭염 · 한파 등에 대비하여 군인의 건강 유지에 필요한 대책을 수립하고 시행"하도록 하고 있다(제17조의3 제2항).

군인은 헌법과 법률에 따라 의료를 받을 권리를 갖는데, 이는 의료 접근권(의료인 등 의료 기관에서 신속하고 자유롭게 접근할 수 있는 권리)과 최선의 진료를 받을 권리로 구체화된다(조성제, 2016). 의료 접근권은 다시 군 의료 기관에 적기에 접근할 수 있는 권리와 민간 의료 기관을 선택할 수 있는 권리로 세분할 수 있다(조성제, 2016).

AI와 군사 의료

의료 분야에서 AI 기술을 활용한 발전이 급속도로 이루어지고 있다. 먼저 의료 자료를 분석하고 판독하거나 데이터를 활용하여 질병을 예측하는 형태로 활용될 수 있다. 의료 AI 기술은 데이터를 기반으로 발전할 수밖에 없는데, 군의 경우 폐쇄적 조직 내부에서 표준화된 시스템을 운영한다는 점에서 오히려 AI 활용에 유리한 측면이 있다고 볼 수 있다.

군은 단일 조직 내에 다수의 병원과 환자를 보유하고 있고, 진료 데이터 역시 국방망으로 연결된 전자 의무 기록(EMR) 체계를 통해 통합적으로 관리해 왔으며, 방대한 의료 데이터가 축적되어 있다. 이는 AI 알고리즘 개발에 필요한 학습 데이터 확보 측면에서 강점으로 작용하고 있다.

데이터 수집과 활용 면에서 군 환경이 갖는 이점 덕분에, 군 의료 현장은 AI 기술을 비교적 신속히 시험·적용할 수 있는 테스트 베드(testbed)로서의 가치가 충분하다.

또한 군에서 필요한 분야 중 하나가 원격 의료다. 군의 임무 특성상 외진 지역이나 격오지에 배치되는 경우가 많아, 의사가 없는 상황에서 응급 환자가 발생하는 경우가 빈번하고, 이 경우 적절한 조치에 한계가 있었다. 이에 따라 군에서의 의료는 중앙 의료종합상황센터에 대기하는 전문의들이 화상회의 시스템으로 일선 부대의 의무병이나 군의관을 지도하여 환자를 진료하게 하는 방식으로 운영되고 있다.

AI와 군사 의료 법제

이러한 장점에도 폐쇄적인 군 환경에서 AI 오남용으로 인한 부작용이 생기지 않도록 윤리적 장치와 사전 검증 시스템을 마련해야 한다는 과제가 있다.

군보건의료법이나 국군의무사령부 훈령 등에는 AI 같은 첨단 기술 활용에 대한 명시적 조항이 없다. 이는 기술 발전 속도가 법 제·개정 속도를 앞지르기 때문에 발생하는 입법 공백으로 볼 수 있다. 예를 들어 의료법의 원격 의료 조항은 군의 화상 협진 정도만 예상했지, AI를 활용한 원격 모니터링이나 자율 주행 의료 로봇을 통한 원격 처치 등은 상정하지 못했다.

마찬가지로 군 의료 관련 규정에서도 AI가 지휘 통제 체계의 일부로서 의료 결정을 지원하는 경우, 이를 어떻게 승인하고 감독할지 규율하는 내용이 부족하다. 향후 자율 주행 무인 의무 후송 차량이나 웨어러블(wearable)

센서를 통한 실시간 건강 AI 모니터링 등이 도입된다면 이들에 대한 법적 지위와 작동 한계를 분명히 해야 할 것이다.

예를 들어 AI가 환자 상태를 분류해 치료 우선순위를 결정하거나, 전상자 분류(triage)를 자동으로 수행할 경우 이는 곧 명령 권한의 일부 위임으로 볼 수도 있다. 이런 상황에서 AI의 결정에 이의를 제기하거나 변경할 수 있는 절차를 어떻게 마련할 것인지, 오작동 시 긴급 중지 명령은 누가 내릴 것인지 등을 사전에 규정해야 한다.

요컨대 AI 기술의 군 의료 적용은 기술적 문제를 넘어 법적 · 제도적 정비 과제를 동시에 수반하며, 이러한 쟁점들을 선제적으로 해결하는 노력이 요구된다.

AI와 군 의료의 접목은 의료 접근성이 제한된 군 환경을 혁신하고 장병 건강권을 증진시킬 수 있는 유망한 방향이다. 앞서 살펴본 바와 같이 군 조직은 데이터의 집적과 표준화 측면에서 AI 활용에 유리한 조건을 갖추고 있으며, 이미 영상 판독 보조 AI나 원격 진료 지원 등에서 가시적인 성과를 내고 있다.

이러한 성공 사례를 바탕으로 군 의료 체계 전반의 디지털 전환을 가속화한다면 장병들이 군 복무 중에도 민간에 뒤지지 않는 수준의 의료 서비스를 누릴 수 있을 것이다. 특히 과거 연구에서 제기된 군 장병들의 의료 미충족 수요 문제도 AI와 원격 의료 도입으로 상당 부분 해소할 수 있을 것으로 기대된다. 예를 들어, 부대 내 경증 환자는 AI가 내장된 자가 진단 키오스크(Kiosk)나 원격 주치의 상담을 통해 조기에 진료를 받고, 중증 환자는 신속히 후송하는 식의 일차 의료 강화 모델이 가능해진다. 이는 장병 개인의 건강권 보장뿐만 아니라, 궁극적으로 전투력 유지와 향상으로 이어져 국방력 강화라는 목적에도 부합한다.

그러나 AI 기술의 성급한 도입은 신중을 기해야 한다. 의료 AI의 오판은 환자 생명에 직결될 수 있으므로 철저한 성능 검증과 단계적 도입이 필수적이다. 군은 특성상 상명하복 문화로 인해 현장의 목소리가 위로 전달되기 어려운데, 만일 미처 성능이 입증되지 않은 AI 시스템을 일괄 도입하면 일선 의료진이나 환자 장병이 불편이나 위험을 감수하더라도 내부에서 문제 제기가 어렵게 될 우려가 있다.

이를 방지하려면 시범 운영 단계에서 충분한 테스트와 피드백 수렴을 거쳐 신뢰성을 확보한 후 전군 확산하는 전략이 필요하다. 또한 외부 전문가와의 협력, 민간 의료 기관과의 교류를 통해 최신 의료 AI 기준과 모범 사례를 지속적으로 참고해야 할 것이다. 참고로 미국은 2008년부터 환자 중심 주치의제(PCMH)를 도입하여 군 병원-민간 병원의 협력을 강화하고 있는데, 우리 군도 AI를 활용한 군-민 의료 협업 플랫폼을 구축하면 전문의 연계나 후송 체계가 더욱 원활해질 것이다.

참고문헌

국군의무사령부(2022). "국군 원격진료 체계 운영 개요".

국방부·과학기술정보통신부(2021). "AI 기반 군 의료영상 판독 시스템 개발사업 보고서".

국방부(2023). "2023~2027 군 보건의료 발전계획".

식품의약품안전처(2023). "의료기기 인공지능 허가 사례집".

이상용(2019). "인공지능과 법인격". 《민사법학》, 89.

조성제(2016). "군인의 의료를 받을 권리와 개선방안에 관한 소고". 《강원법학》, 49.

Ryan M. L. et al.(2024). Artificial Intelligence in Military Medicine. *Military Medicine*, *189*, pp.244~248.

10
AI 시대의 국방행정법 과제와 전망

한국은 분단 상황과 군사정권 시대를 거치면서 국방의 중요성이 강조되었음에도 불구하고, 역설적으로 국방행정법 체계의 발전은 상당한 제약을 받아 왔다. 이는 국방 분야가 민주적 통제와 법적 규율보다는 정치적 · 군사적 논리에 의해 운영되었기 때문으로 분석된다. 향후 우리나라 국방행정법은 국방력 강화 및 혁신과 더불어 민간 부문과의 협력을 수행할 수 있도록 발전 방향을 모색해야 할 것이다.

AI와 미래 의사?

국가 안전 보장이라는 "데우스 엑스 마키나"

정부 수립 직후, 1948년 제정된 병역법이 아직 전면 시행되기도 전에 1950년 6 · 25 전쟁이 발발하였다. 전시 체제하에서 국가는 일사불란한 동원과 지휘를 위해 입법 · 행정 권한을 군 중심으로 집중시켰다. 이러한 전쟁 상황에서 대한민국은 헌법을 개정하고 수많은 법률을 제정하였다. 이후 1953년 휴전 후 시간이 지나고, 1961년 군사 쿠데타 이후 등장한 군사정부는 강력한 중앙집권적 국방 체계를 정비하였다. 국군조직법이 1963년에 전부 개정되었고, 많은 법률에서 "국가 안전 보장을 위하여 필요할 때에는 예외로 한다"는 규정을 두어 국방 영역에 광범위한 재량을 부여했다.

이러한 구조는 민주화와 지방자치제도의 본격 시행으로 큰 영향을 받았다.

구체적 현안에서 지방자치단체는 법령상 근거를 제시하며 군에 요구하기 시작했다. 반면 군은 "국가 안전 보장에 중대한 영향을 미친다"는 추상적 논거만으로는 지방자치단체의 구체적 요구를 더 이상 일괄적으로 거절하기 어려운 상황에 직면하게 되었다.

정부 수립과 6 · 25 전쟁을 거쳐 마련된 군사기지들에 대한 이전 요구가 대표적 사례다. 도시계획 과정에서 군이 적절한 의견을 제시하지 못함으로써 군사기지 주변으로 도시가 무분별하게 확장되었고, 이후 도시 주민에게 군사기지는 소음 발생원이자, 주거 환경을 저해하고 지역 개발을 제약하는 시설로 인식되기에 이르렀다.

이제 '국가 안전 보장'이라는 단일 키워드가 모든 갈등을 해결해 주던 시대는 지났다. 국방 분야도 타 영역과 동일하게 법률에 근거한 구체적 · 합리적 기준을 제시하지 못하면 정책 정당성을 확보하기 어려운 상황에 직면해 있다. 이는 민주주의 심화, 지방 분권 확대, 그리고 기본권 보장 의식의 고양이 만든 필연적 귀결이다.

국방행정법 체계 정비

국방행정법 체계의 정비는 단순히 군 관련 법령을 재정비하는 차원의 작업이 아니다. 이는 민주적 법치 국가 원리에 부합하는 헌법적 질서를 회복하고, 총력안보 체계 속에서 국민의 권리와 국방의 효율성을 조화롭게 실현하기 위한 필수적 제도 개혁 과제다.

국방행정법이라는 용어는 기존에 통용되던 군사행정법보다 정확한 개념의 틀을 제공한다. 군사행정법이라는 용어가 주로 군이라는 국군 조직만을 지칭하고, 병력의 관리나 군사시설에 한정된 범위를 전제해 온 반면, 국방행정법은 국방부 · 방위사업청 등 중앙 행정기관과의 관계, 국방 과학기술, 병역 제도, 예비 전력 동원 등 국가적 차원의 종합적인 방위 체계를 포함하는 보다 넓은 개념을 내포한다.

국방행정법의 체계화를 주장하는 것은 단지 용어상의 선택이나 학술적 주장에 그치는 것이 아니라, 실정법의 중복과 충돌을 해소하고 예측 가능한 법치 행정을 구현하기 위한 긴요한 요청에서 출발한다. 우리 헌법에서 국군의 조직과 편성은 법률에 따라야 한다고 한 것에 비하여 실제 국군조직법, 병역법, 군인사법 등 개별 법들이 흩어져 각기 다른 역사적 맥락에서 제정되어 통합적 체계 없이 작동하고 있으며, 이로 인해 법 집행의 일관성은 물론 기본권 보장에도 상당한 한계가 드러난다.

국방행정법 체계의 수립은 이러한 파편적 구조를 탈피하여, 조직 · 인사 · 작전 · 시설 · 과학기술 · 예비 전력 등 국방 행정의 각 세부 영역을 유기적으로 연결하는 통합적 법질서를 형성하고자 하는 것이다. 이러한 접근은 국방 행정의 법적 정당성을 강화하고, 헌법상 요구되는 비례성 · 최소 침해 원칙을 실현하며, 장병과 국민 모두에게 신뢰받는 국방 체제를 구축하는 길이다.

나아가 국방행정법의 체계화는 미래 안보 환경 변화

에도 능동적으로 대응할 수 있는 법제 기반을 마련한다는 점에서도 중요한 의미를 가진다. 드론, 인공지능, 사이버전 등 새로운 군사기술과 작전 환경은 기존의 협소한 군사 법제만으로는 수용이 불가능하며, 이를 포괄할 수 있는 유연한 구조가 필요하다. 세계 최강의 군사력을 보유한 미국은 국방 관련 법제를 조직-인사-작전-보상까지 유기적으로 편성한 통합 법전(U.S.C. Title 10 등)을 두고 있다. 러시아, 중국, 일본 등 우리 주변국은 국방법이나 방위법 등으로 통합적인 국방 법률을 마련하고 있다. 비교법적 정합성과 연합 작전 호환성 확보를 위해서도 국방행정법 체계는 필수적이다.

결국 국방행정법 체계의 정립은 단순한 법률의 정비가 아니라, 법의 이름으로 국방을 정당화하고 통제하며 실현하려는 법치주의적 실천이라 할 수 있다.

AI와 국방행정법

오늘날 국방 분야는 그 어느 때보다도 급변하는 기술 환경 속에서 특히 AI 기술과 맞닿아 있다. AI의 등장은 전통적인 국방 행정 작용의 방식뿐만 아니라 병역, 인사, 연구 개발, 군사시설 보호 등 거의 전 영역에 걸쳐 법적 재구성을 요구하고 있다. 그럼에도 현재의 국방 관련 법률은 다수의 개별 법률에 산재되어 있으며, 체계성, 일관성, 예측 가능성 측면에서 결함을 안고 있다. 이러한 문제는 단순한 기술 행정상의 불편에 그치지 않고, 국민의 기본권에 대한 불충분한 보호와 민주적 통제의 문제마저 야기할 수 있다.

국방행정법 체계의 정립은 단순히 법령을 일괄 정비하는 작업이 아니다. 그것은 입헌 민주주의의 원리에 따라 국방의 영역을 공법적으로 통제 가능한 영역으로 환원시키는 작업이자, '법률에 의한 국방', 즉 군에 대한 문민의 통제와 국민의 신뢰를 제도적으로 담보하는 법질서의 구축을 의미한다. 세계 최강의 미군도 활동의 상당한 내용을 의회로부터 매년 권한을 받는 형태로 운영하고 있다. 우리나라보다 더 많은 내용을 행정부가 홀로 집행하는 것이 아닌 의회의 동의를 얻고 있다는 것이다.

AI 기술을 둘러싸고 이 기술의 도입과 운용을 위한 국방행정법의 혁신이 요구되는 시점이다. 이러한 변화에 대응하기 위해서라도 국방행정법은 기존의 폐쇄적이고 종속적인 군사법 논리를 넘어서 개방적이고 민주적이며 과학기술 친화적인 법체계로 이행해야 한다.

아울러 군의 법적 통제 가능성에 대한 논의는 단지 국내법에 국한된 문제가 아니라, 국제적 연계성과 규범적

상호작용 속에서 논의되어야 한다. 특히, 한미 동맹과 NATO 및 다국적군 운용, AI 윤리 기준의 글로벌 조화 등은 국방행정법이 더 이상 자국의 내치 영역에 머무를 수 없음을 시사한다.

결국 AI 시대 국방행정법 체계 정립의 요청은 국방 과학기술 혁신, 군의 법적 정당성의 회복, 국민 기본권 보호의 확대라는 목적을 아우르는 법적 과제다. 이를 위해 국방 분야별 세부 법령의 정비, AI 기술 수용에 대한 제도 마련 등이 동반되어야 한다. 이 모든 작업은 로마의 원수가 무기만이 아니라 법률로도 무장했듯이, 오늘날 AI와 같은 국방 기술은 무기 체계만이 아니라 법률로도 대비를 해야 하는 것이다.

> "전쟁과 평화의 양(兩) 시기가 옳게 통치될 수 있도록, 그리고 로마의 원수(元首)가 적과의 전투에서뿐만 아니라 법의 길을 통하여 악의자들의 불의(不義)를 퇴치하면서 승리자로 있도록, 그리고 그(로마의 원수)가 패한 적들에게는 개선자가 되듯이 법에서는 매우 종교심 있게 되도록, 황제의 위엄은 무구(武具)로 장식될 뿐만 아니라 법률로써도 무장될 필요가 있다."
>
> - 유스티니아누스 법학제요(성중모 역)

참고문헌

김권일(2024). "한반도 안보환경 변화에 따른 과학기술군 이행의 법적 시사점". 《ISSUE PAPER》, 5, 1~26쪽.

성중모(2011). "유스티니아누스 법학제요 한글初譯". 《법사학연구》, 44.

김권일

충남대학교 법과대학을 졸업하고 같은 대학원에서 공법 전공으로 법학 석사와 박사 학위를 받았다. 정부 출연 연구 기관인 과학기술정책연구원(STEPI)에서 연구직으로 근무하면서 과학기술법정책(국방, 우주, 해양, 안전 등), 기술 규제, 혁신 정책 연구를 수행하고 있다. 국방행정법 분야에 박사 과정부터 꾸준하게 관심을 두고 박사 학위 논문을 비롯해 다수 연구 논문을 발표했다. 국방행정법 분야의 연구 논문으로 "군사시설 계획 및 건설에 대한 법적 검토"(2019)를 비롯해, "자율경계 군사시설에 대한 법적 검토"(2020), "군사의무에 대한 공법적 검토"(2022), "전시(戰時) 입법과 전쟁 대응에 대한 공법적 검토"(2023), "예비군법의 법정책적 검토"(2024) 등을 발표했다. 주요 저서로 《군사시설법》(2021), 《쉽게 읽는 입법과 법해석》 제2전정판(2023)이 있고, 정책 연구 기관 간행물로 한국법제연구원에서 발간한 《한반도 안보환경 변화에 따른 과학기술군 이행의 법적 시사점》(2024), 《인구감소에 따른 국방인력 문제에 대한 법적 과제》(2025) 등이 있다.